ENAID Y DDINAS
CAERDYDD DRWY LYGAID

Ffion Dafis • Huw Llywelyn Davies • Beti George • Hanan Issa • Carwyn Jones
Dafydd Llewelyn • Gareth Potter • Rebecca Thomas • Ali Yassine

lluniau Richard Outram

ENAID Y DDINAS

CAERDYDD DRWY LYGAID

Ffion Dafis • Huw Llywelyn Davies • Beti George • Hanan Issa
Carwyn Jones • Dafydd Llewelyn • Gareth Potter • Rebecca Thomas • Ali Yassine
lluniau Richard Outram

Argraffiad cyntaf: 2023
© testun: Yr awduron/Gwasg Carreg Gwalch
© lluniau: Richard Outram
© cyhoeddiad: Gwasg Carreg Gwalch
Dylunio: Eleri Owen

Rhif Llyfr Safonol Rhyngwladol:
978-1-84527-863-2

Cyhoeddwyd gan
Gwasg Carreg Gwalch,
12 Iard yr Orsaf, Llanrwst,
Dyffryn Conwy, Cymru LL26 0EH.

Ffôn: 01492 642031
e-bost: llyfrau@carreg-gwalch.cymru
lle ar y we: www.carreg-gwalch.cymru

Cyhoeddwyd gyda chymorth Cyngor Llyfrau Cymru.

Cedwir pob hawl. Ni chaniateir atgynhyrchu unrhyw ran o'r cyhoeddiad hwn, na'i gadw mewn cyfundrefn adferadwy, na'i drosglwyddo mewn unrhyw ddull na thrwy unrhyw gyfrwng, electronig, electrostatig, tâp magnetig, mecanyddol, ffotogopïo, recordio, nac fel arall, heb ganiatâd ymlaen llaw gan y cyhoeddwyr, Gwasg Carreg Gwalch, 12 Iard yr Orsaf, Llanrwst, Dyffryn Conwy, Cymru LL26 0EH.

Cynnwys

Rhagair 7
Grange Gardens | Gerddi'r Grange Hanan Issa 13
Caerdydd y 90au Carwyn Jones 16
Mae Cymru ar Werth Ali Yassine 22
Y BBC Beti George 30
Bob Geldog Dafydd Llewelyn 37
Caerau Rebecca Thomas 44
Coleg Caerdydd Beti George 51
Craig Llys-faen Rebecca Thomas 58
Grangetown Ali Yassine 65
Dymp Bessemer Rd Ffion Dafis 72
Ynys Echni Gareth Potter 80
Parc y Rhath a Chaeau Llandaf Huw Llywelyn Davies 88
Maes Awyr y Rhws Carwyn Jones 100
Sain Ffagan, y Tyllgoed a Choed Plymouth Gareth Potter 105
Stryd Womanby Ffion Dafis 110
Penarth Pier | Pier Penarth Hanan Issa 116
Dim Mwy, Dim Llai Dafydd Llewelyn 123

Rhagair

Sut mae dangos dinas gyfan drwy luniau? Sut mae portreadu ysbryd prifddinas eich cenedl? Lle mae dechrau?

Dwi'n byw mewn tref fechan sydd â phoblogaeth o lai na deng mil o bobol, a tydw i ddim wedi dod i adnabod pob twll a chornel ohoni. Sut felly mae dod yn gyfarwydd â dinas sy'n gartref i dri chant chwe deg o filoedd?

Dechreuais gydag un llecyn, un cam, un llun ar y tro.

Sefais y tu allan i ddrysau Canolfan y Mileniwm ym Mae Caerdydd ar ddiwrnod o Ionawr gan edrych ar y ddinas yn ymestyn allan o 'mlaen, y syniad o ddechrau ar y prosiect hwn yr un mor anferth â'r adeilad y tu ôl i mi. Ro'n i wedi gyrru'r 175 milltir i'r ddinas yn gynnar y bore hwnnw i lawr yr A470, gan gychwyn yn reit agos i derfyn gogleddol y lôn eiconig honno. Trodd y milltiroedd araf, tawel cyntaf yn rhuad o fywyd a cheir wrth i'r ddinas lowcio'r gorwel gwyrdd. Pan ddechreuodd y lôn fy nhynnu'n nes at ganol y prysurdeb, ac wrth i'r adeiladau dyfu o'm hamgylch, ro'n i'n ysu i afael yn fy nghamera a dechrau ar y gwaith.

Mi ges i fy llorio gan yr ymweliadau cyntaf hynny, a theimlai'r ddinas yn gaeedig. Er fy mod i yno, doeddwn i ddim wedi llwyddo i dorri drwy'r croen.

Yn araf bach dros y misoedd nesaf – ar ôl sawl cam gwag a sawl siwrnai seithug – dechreuais deimlo fod y ddinas, o'r diwedd, yn dangos y ffordd i mi. Fel ffotograffydd, tasg amhosib fyddai dal enaid y ddinas mewn un llun... efallai na fyddwn yn llwyddo i wneud hynny gyda chant o luniau, hyd yn oed. Roedd yn rhaid i mi oedi, rhoi fy nghamera i lawr, edrych o 'nghwmpas a gwrando ar y ddinas wrth iddi chwydu ei hanes o 'mlaen.

Mae'r hanes hwnnw'n un lliwgar: dysgais am gymunedau byw a gafodd eu colli yn enw datblygiad dinesig, am gymunedau sy'n tyfu er gwaethaf datblygiadau'r byd modern. Dysgais am deuluoedd sydd â'u gwreiddiau'n sownd yng nghoncrit eu palmentydd; am gyfeillgarwch a chymdeithasu; am ddinas sy'n don goch o

fuddugoliaeth ac yn blanced gynnes o gysur ar ôl gêm siomedig. Cefais gip ar hanes sy'n ddwfn yn y tir a hanes sy'n frith o anturiaethau, hanes sy'n ysbrydoli o genhedlaeth i genhedlaeth. Mae Caerdydd yn drysorfa o straeon, ac er eu bod yn herio'r dychymyg, maent yn rhan o'n gorffennol.

Drwy gyfrwng y straeon hyn dechreuais weld Caerdydd drwy lygaid ei phobl, a daeth y ddinas yn fyw i mi.

Dwi ddim yn honni fod yr hyn sydd yn y gyfrol hon yn gofnod gweledol cyflawn o Gaerdydd. Nid dyna oedd fy mwriad. Cefais fy ysbrydoli a f'arwain gan eiriau'r awduron i greu cipolwg cryno o'u dinas nhw. Mae miloedd o straeon eraill i'w dweud a'u cofnodi, pob un yn unigryw ac yn rhan o guriad calon ein prifddinas, a gyda phob cenhedlaeth mae straeon newydd yn cael eu creu: straeon y Gymru gyfoes.

Hoffwn ddiolch i Myrddin ap Dafydd a phawb yng Ngwasg Carreg Gwalch am wireddu'r prosiect hwn oedd yn fy nychryn a'm cyffroi ar yr un pryd, ac am eu ffydd yndda i. Diolch i Eleri Owen â'i thalent dylunio am ddwyn popeth at ei gilydd mor gelfydd ar y dudalen. Diolch hefyd i'r awduron am rannu eu darnau bach nhw o Gaerdydd efo fi. Rwy'n ddyledus unwaith eto i Nia Roberts – golygydd y casgliad – am ei hysgogiad a'i harweiniad creadigol i'r cyfan a'i chefnogaeth barhaus – diolch Nia. I drigolion Caerdydd, y bobol y bu i mi eu cyfarfod ar hyd y daith: diolch am eich croeso, ac am wneud i mi deimlo fel un ohonoch chi, er mai pwt o ymwelydd oeddwn i. A diolch yn arbennig am eich ysbrydoliaeth. Ac yn olaf – diolch Mererid am fy nghadw i fynd ac ymuno â mi ar ambell daith lawr i'r ddinas ac am gynnig, wastad, y gefnogaeth dwi angen!

Richard Outram

Grange Gardens | Gerddi'r Grange
Hanan Issa

I'm forgetting things.
I know it was near the swings
that he grazed his knee.
And on this bench,
you told me the truth.
But it's a messy jungle – the park.
Memories bloom all over
as if I dug the soil myself,
burying moments I hoped would take root.
Trudging through mulched up picnics,
drooping winter walks,
I can't keep them alive forever.
Overwatered memories die too.
Old rotting forgotten
beneath the new – the way he climbs at 10.
                the way he runs at 3.

Mae rhai pethau'n mynd yn angof.
Gwn mai ger y siglenni
y sgriffiniodd ei bengliniau.
Ac ar y fainc hon
y dywedaist y gwir wrthyf.
Ond lle dryslyd ydy'n parc ni.
Mae'r atgofion yn blodeuo'n wyllt,
fel petawn i wedi palu'r pridd fy hun
a phlannu eiliadau yr oedd gobaith iddyn nhw egino.
Wrth facsan drwy domwellt hen bicnics,
dan ddiferion llwybrau'r gaeaf,
does dim modd eu cadw'n fyw am byth.
Mae gorddyfrio atgofion yn eu boddi hefyd.
Hen bydredd yn angof
dan y newydd – ei ddringfeydd yn ddeg,
                ei ras yn dair.

Cyf. Myrddin ap Dafydd

Caerdydd y 90au
Carwyn Jones

Yn y dyddiau hyn o stadia dan do a blychau lletygarwch lle mae grisiau symudol yn gleidio pobl i gysur seddi cyfforddus, a bar am ddim i'r rhai ffodus, mae'n hawdd anghofio'r profiad o fynd i gemau rhyngwladol mawr yng Nghaerdydd ar ddechrau'r 1990au. Yn y dyddiau hynny roeddech yn cyfri'ch hun yn lwcus os oedd gennych do uwch eich pen heb sôn am foethusrwydd annirnadwy sedd.

    Des i i fyw i Gaerdydd am y tro cyntaf yn 1989, ac un o fanteision mawr byw yn y ddinas oedd y gallu i gyrraedd y gemau mawr heb orfod mynd ar y trên, ac yn wir, gallu cerdded yn ôl i ble roeddech yn byw. Roeddwn i'n byw yn Tydfil Place, ychydig i fyny o Barc y Rhath, mewn tŷ gyda phump o fechgyn eraill na chafodd ei lanhau hyd y cofia i. Mae'n debyg, pan rydych chi'n iau, nad yw eich llygaid yn sylwi ar y cymylau o lwch wrth iddynt hedfan lan o sedd wrth i rywun eistedd ynddi.

    Dechreuai ein Diwrnod Rhyngwladol gyda'r daith gerdded i lawr Mackintosh Place i'r Roath Diner, caffi sydd wedi hen ddiflannu ar City Road. Roedd hyn yn golygu trafod hunllef y cerddwyr, a elwid yn lleol yn Death Junction. Ar y pwynt hwn yn y ddinas roedd pum ffordd brysur yn cyfarfod, oedd yn creu dipyn o her o ran ceisio croesi. Dywedai rhai fod y llecyn hwn wedi cael ei enw oherwydd bod crocbren yn sefyll yno ar un adeg, ond i eraill, roedd yr enw'n cyfeirio at gymryd eich bywyd yn eich dwylo wrth i chi groesi'r ffordd.

    Ar ôl brecwast llawn byddem yn cerdded i mewn i Gaerdydd gan anelu am yr Albert yn Heol Eglwys Fair. Yn y dyddiau hynny roedd Bragdy Brains yn sefyll y tu ôl iddo yn Caroline Street, felly yr Albert oedd tap y bragdy, yn y bôn. Yn y dyddiau hyn o oriau agor rhyddfrydol mae'n hawdd anghofio nad oedd y tafarndai yn cael agor tan 10:30 y bore bryd hynny, felly roedd angen ciwio tu allan i'r drws ffrynt nes bod clic croesawgar y clo yn agor yn

caniatáu i ni fynd i mewn. Serch hynny, roedd siop drwyddedig y drws nesaf i'r dafarn a oedd yn agor hanner awr cyn y dafarn ei hun, a'i nwyddau'n darparu digon o luniaeth i'n cario drwy'r hanner awr anodd hwnnw nes i'r drysau agor.

Roedd yr Albert yn dafarn hen ffasiwn gyda dau lawr o fariau a oedd yn darparu digon o le i bobl sgwrsio, cymdeithasu a chanu, er nad oedd hynny fel arfer yn bersain iawn. Llifai'r peintiau o Brains SA a Dark, a byddai'r amser yn hedfan nes byddai rhywun yn nodi ei bod hi'n ddau o'r gloch, a'r gêm yn dechrau am 2:30. Roedd yn rhaid i'r rhai heb docynnau daflu eu hunain ar drugaredd y dafarn oherwydd ei bod i fod i gau am ddwy awr yn y prynhawn, ac roeddynt yn ddibynnol ar barodrwydd y landlord i gynnig drws clo iddynt fel y gallent yfed yn ddi-stop y tu mewn.

Byddai'r rhai oedd â thocynnau, yn anochel ar gyfer yr East Terrace, yn rhedeg i'r cae, yn brwydro ac yn gwthio i fynd ar y teras lle byddent fel rheol yn sefyll i wylio Cymru'n colli. Nid oedd yn gwneud unrhyw wahaniaeth os oedd yr awyr yn ddigwmwl, oherwydd roedd pawb yn dod allan yn wlyb. Nid oherwydd glaw: roedd bod mewn tyrfa fawr o ddynion ifainc dan ddylanwad alcohol a heb fynediad i doiled yn sicrhau fod hylif yn arllwys o bob cyfeiriad. Roedd y gêm ei hun yn aml yn niwlog, a'r peintiau a yfwyd ymlaen llaw yn fath o anesthetig yn erbyn y whadad roedd cymaint o dimau Cymru yn ei ddioddef bryd hynny.

Ar ôl y gêm roedd hi'n amser mynd i Stryd Caroline am sglodion, ac yna'n ôl i'r Albert lle byddai amser yn dechrau llusgo. Erbyn i chi gyrraedd yn ôl i'r dafarn roedd hi'n dywyll, yn aml yn bwrw glaw, a phawb yn ddigalon â'r canlyniad. Rhwng hanner awr wedi pedwar a hanner awr wedi pump y prynhawn oedd yr amser anodd hwnnw pan ddechreuai pobl golli egni, lle dechreuai cwsg oddiweddyd rhai, a'r noson fel petai'n ymestyn allan o'ch blaen. Ond â chyfuniad o ieuenctid a chwrw chwerw yn gweithredu fel tonic, yn ara deg deuai'r noson yn fyw eto. Byddem wedyn yn gweld rhes o bobl yn dod i'r dafarn i werthu pethau. Y cyntaf fyddai Byddin yr Iachawdwriaeth a gynigiai y *War Cry* i

bechaduriaid y noson ei ddarllen. Cawsent eu derbyn yn gwrtais, ond yn anorfod syrthiai eu geiriau ar dir caregog. Byddai'r ymweliad nesaf gan rywun yn gwerthu'r *Football Echo*, y papur pinc a roddai ganlyniadau ac adroddiadau holl chwaraeon y dydd. Yn y dyddiau hyn o newyddion sydyn mae'n anodd dychmygu mai dyma'r lle cyntaf y gallai pobl edrych ar ganlyniadau'r diwrnod. Yn olaf, byddai dyn mewn côt wen yn cerdded i mewn yn cario basged wiail. Cyn bo hir byddai'n galw *'Cockles, Mussels!'* ac yn cynnig cyfle i bobl brynu cocos wedi'u piclo mewn finegr neu'r ffyn cranc a oedd yn fyrbrydau hanfodol yn y dyddiau hynny. Mae wedi bod yn amser hir ers i mi weld unrhyw un o'r bobl hynny mewn tafarn.

Ar ôl gadael yr Albert byddem yn galw i mewn yn y Four Bars ar ben Womanby Street ac yna i'r Horse and Groom a safai yng nghefn yr hyn sydd bellach yn dafarn y Gatekeeper. Roedd yn fan cyfarfod pwysig i'r rhai oedd yn mynd i Glwb Ifor Bach, ac os cofiaf yn iawn roedd yno fflam dan orchudd wrth y bar y gallai pobl ei defnyddio i gynnau eu sigaréts yn y dyddiau hynny lle gellid ysmygu dan do. Mae'r arferiad hwnnw a'r dafarn ei hun wedi hen fynd. Yn ogystal â'r Clwb, ym mhen arall Stryd Womanby safai'r Dog and Duck, tafarn ogoneddus oedd â thrwydded i agor tan un y bore, a dyna lle bydden ni fel arfer yn gorffen y noson. Roedd bar yn y llawr isaf a oedd, yn ôl pob tebyg, yn berygl tân difrifol, ond rwy'n amau y byddech wedi dod o hyd i lawer o bobl a aeth, yn ddiweddarach, i fyd gwleidyddiaeth, newyddiaduraeth a meddygaeth, yn cymdeithasu yno. Dyma lle wnes i gyfarfod fy ngwraig ym mis Mawrth 1991.

Y diwrnod hwnnw, roedd y marathon o gig moch, cwrw, sglodion a chocos yn werth chweil.

Mae Cymru ar Werth
Ali Yassine

Nid oes llawer o bobl wedi clywed am Orchmynion Prynu Gorfodol (GPG), heb sôn am brofi'r digofaint maent yn ei achosi. Dysgais bopeth am GPG yn ddeg oed ac rwy'n eu casáu.

> *'... swyddogaeth gyfreithiol sy'n caniatáu i rai cyrff (fel Awdurdodau Lleol, Cymdeithasau Tai, a Chorfforaethau Datblygu sydd hefyd yn cael eu galw yn Awdurdodau Caffael) brynu tir neu eiddo heb gydsyniad y perchnogion.'*

Gorchymyn Prynu Gorfodol: tri gair sy'n bychanu'r difrod maent yn ei wneud. Geiriau sydd ddim yn mynegi dicter a rhwystredigaeth teuluoedd sy'n cael eu taflu allan o'u cartrefi. Wedi'u taflu allan. Wedi'u diffodd. Wedi cael eu gwasgaru. Dysgais ystyr 'gorchymyn prynu gorfodol' yn ddeg oed oherwydd yn 1973, cyflwynwyd Gorchmynion Prynu Gorfodol i'm cymuned gyfan. Cafodd ein cartrefi eu disgrifio fel slymiau. Cafodd lluniau a chynlluniau hyfryd eu cynhyrchu. Hwyl fawr i'n tai teras clòs cefn-wrth-gefn – 50 a mwy o genhedloedd, crefyddau, arferion, gwisgoedd, bwyd, cerddoriaeth; a helô i gymunedau moethus â gatiau, fflatiau glan-y-dŵr, bariau coctel, bwytai, cychod a chychod hwylio, a llu o atyniadau twristaidd. Gweledigaeth ar gyfer dyfodol prifddinas Cymru. Fodd bynnag, gweledigaeth rhywun arall oedd hi. Etifeddiaeth rhywun arall. A daeth ag enw newydd. Nid Tiger Bay, na'r Dociau, na Tre-biwt, ond Bae Caerdydd. Roedd arian yn siarad. Arian mawr. Roedd teuluoedd a oedd wedi byw ochr yn ochr ers degawdau yn cael eu rhwygo'n sydyn a'u gwasgaru i ardaloedd eraill yng Nghaerdydd. Cyfeillgarwch hirsefydlog yn cael ei ymestyn neu ei ddinistrio. I gyd er budd yr ymdrech am foderniaeth a thwf economaidd. *Gentrification*. Ond i bwy?

Doedd e ddim yn ymddangos fod pobl leol yn rhan o'r cynllun.

Gwrthwynebodd rhai teuluoedd, fel fy un i. Roedden ni'n berchen ar ein tŷ yn llwyr, ond doedd e ddim yn gwneud gwahaniaeth. Derbyniwch y cynnig ac ewch, mynnodd y Cyngor. Roedd yn mynd i ddigwydd. Beth bynnag a ddaw. Symudodd rhai teuluoedd yn fodlon; eraill yn methu goddef gadael. Dychwelodd rhai ar ôl y datblygiad. Wnaethon ni ddim gweld eraill byth eto. Ein teulu ni oedd un o'r teuluoedd olaf i adael. Wedi'i labelu fel 'glandŵr mwyaf cyffrous Ewrop' yn y 1990au, roedd Bae Caerdydd yn ddatblygiad a oedd yn addo 'adlewyrchu gobeithion a dyheadau cymunedau'r ardal'. Mae hanner canrif wedi mynd heibio ers y gorchymyn prynu gorfodol. Rwyf 50 mlynedd yn hŷn. 50 mlynedd yn ddoethach. A 50 mlynedd yn fwy sinigaidd. Y cyfan sydd ar ôl yw atgofion.

Cefais fy ngeni yn Margaret Street. Y flwyddyn oedd 1963. Roedd y newyddion ledled y byd yn llawn straeon a damcaniaethau yn ymwneud â llofruddiaeth Arlywydd yr Unol Daleithiau, John F. Kennedy. Yn yr un flwyddyn, cafodd y penderfyniad i roi'r gorau i allforio o borthladd Caerdydd ei wneud. Porthladd a oedd unwaith yn cystadlu â Llundain a Lerpwl. Doedd dim syniad gen i y byddai'r penderfyniad hwn yn newid popeth i mi, fy nheulu a fy nghymuned. Mewn ychydig flynyddoedd byr, byddai'n troi ein doc bywiog, a oedd yn cynnal 10,000 o weithwyr, yn dir diffaith, diwydiannol, wedi'i esgeuluso. Ond roedd y Dociau, y tir diffaith, diwydiannol a gafodd ei esgeuluso, yn eiddo i ni o hyd. Roedden ni wrth ein bodd â phob modfedd ohono. Ni oedd ei orffennol a'i ddyfodol. Ddeng mlynedd yn ddiweddarach, cyflwynwyd y Gorchymyn Prynu Gorfodol.

Roedd fy nheulu, yn cynnwys Mam, Dad, Tad-cu, fi, dau frawd a dwy chwaer, yn byw mewn tŷ teras tair stafell wely yng nghanol y stryd. Cyfnod pan oedd drysau ffrynt yn cael eu gadael ar agor, mamau yn golchi ac yn sgleinio'r palmentydd o flaen eu cartrefi rhag ofn i unrhyw un eu cyhuddo o fod yn fudr, a phlant yn cael eu dysgu i barchu pobl hŷn. Y ffordd galed. Ar un pen i'r stryd

safai'r Torbay, tafarn *spit and sawdust* lle'r oedd gweithwyr y dociau lleol yn mynd. Ar ddiwrnodau cyflog, ambell butain hefyd. Gyferbyn â'r dafarn safai siop gornel a gerllaw'r siop roedd parc ac olion hen gamlas Morgannwg a arferai gludo nwyddau i'r llongau yn y dociau. Roedd pen arall y stryd yn wynebu Dociau Sych Mount Stuart, a rownd y gornel roedd cigydd a siop ffrwythau a llysiau. Roedd y tai yn rhai Fictoraidd, yn cael eu gwresogi'n bennaf gan lo gyda thoiledau awyr agored yn y mwyafrif. Tu mewn, doedd llawr 'run o'r ystafelloedd gwely wedi'u carpedu, roedd pantri yn y gegin yn lle oergell, a'r lle cynhesaf i eistedd ar noson o aeaf oedd cadair Mam oedd wedi'i gosod wrth ymyl y tân glo fyddai'n cael ei fwydo bob awr ar ddiwrnodau oer. Roeddwn i'n caru ac yn casáu'r tân hwnnw. Wrth gwrs, roeddwn i wrth fy modd yn eistedd wrth ei ymyl, ond roedd yn gas gen i gael y gorchymyn i fynd allan i'n gardd fechan ar bob tywydd i nôl mwy o lo o'r byncer. Ar nosweithiau Sul roedden ni'n defnyddio baddonau tun, yn cerdded yn droednoeth ar loriau cegin oer a gwylio popeth ar y teledu mewn du a gwyn, gan gynnwys snwcer. Roedd Dad yn gweithio bob awr, felly prin roedd e adref heblaw i gysgu, ac roedd Mam yn rhedeg y cartref gyda maneg ddur. Doeddet ti ddim yn croesi Mam, oni bai dy fod yn mwynhau poen.

Roedden ni'n treulio'r penwythnosau gyda'n ffrindiau lleol yn chwarae o amgylch y dociau neu'n crwydro ar hyd yr hen system gamlesi nes y bydden ni'n llwglyd, wedyn yn dychwelyd adref. Ac roedd fy ffrindiau'n amrywiol cyn i'r term ddod yn boblogaidd: roedd cynrychiolaeth o Bacistan, Norwy, Yemen, Jamaica, Sierra Leone, Somalia a llu o genhedloedd eraill. Roedden ni'n chwarae pêl-droed ar bob cyfle, yn bwyta melysion ac yfed diodydd pefriog, yn rhannu prydau rhwng teuluoedd ac yn chwerthin yn ddi-baid. Fel fi, Cymry cenhedlaeth gyntaf neu ail genhedlaeth oedd y rhan fwyaf o blant yr ardal. Cafodd rhai eu geni, fel fi, yn y tai roedd ein rhieni'n byw ynddynt. A dweud y gwir, doedd gennyn ni ddim clem beth oedd ystyr hunaniaeth Gymreig. Fel plant deg oed, doedden ni ddim hyd yn oed yn gwybod beth oedd ystyr y gair

'hunaniaeth'. Roedden ni'n gwybod bod gennyn ni ddiwylliant arall, ac yn parchu traddodiadau ein rhieni, ond doedden ni ddim yr un peth â nhw. Doedden ni ddim yn teimlo'r un fath â nhw. Roedd ganddyn nhw eu gwledydd ond roedd y gwledydd hynny yn rhywle arall. Roedden ni eisiau rhywle i berthyn iddo. Yma. Roedden ni'n gallu uniaethu â'n ffrindiau a'n tref enedigol. Kairdiff oedden ni. Yn bwysicach fyth, Dociau oedden ni. Ac roedden ni'n falch o hynny. Dyna oedd ein hunaniaeth. Ond doedd barn rhai plant deg oed yn golygu dim i Gorfforaeth Ddatblygu Bae Caerdydd na'u galluogwyr gwleidyddol yn 1973.

Gwyliais ddymchwel Margaret Street o'r man agosaf allwn i. Gwyliais hefyd ailddatblygiad yr ardal gyda diddordeb mawr. Mae fflatiau newydd, Techniquest, gwesty 5-seren a gwarchodfa natur bellach yn byw yn yr hyn a oedd unwaith yn gartref i mi. Mae tai nawr yn costio hyd at filiwn o bunnau, ac anaml y byddwch chi'n clywed acen Caerdydd yno. Felly, hanner can mlynedd yn ddiweddarach, a oedd Bae Caerdydd yn 'adlewyrchu gobeithion a dyheadau cymunedau'r ardal'? Na. Roedd yn eu hanwybyddu. Fe wnaeth y datblygiad rannu a lladd fy nghymuned yn y pen draw. Rwy'n casáu Gorchmynion Prynu Gorfodol.

Y BBC
Beti George

Rhaid cyfaddef, roedd mynd heibio'r hen BBC adeg ei ddymchwel yn hen brofiad digon diflas. Myn rhai bod hynny'n gamwedd anfaddeuol. Pam fod rhaid i'r adeilad eiconig o'r chwedegau ddiflannu? Fe ddylid bod wedi ei nodi yn adeilad rhestredig. Eraill yn credu bod rhaid 'symud mlân' (ymadrodd y foment) gan nad oedd e'n addas ar gyfer gofynion cyfoes darlledu. Sai'n gwbod, dyna f'ymateb i!

Ond, jiw, roedd ei basio, fel mae'n rhaid i mi neud yn gyson, a gweld yr anghenfil o fwrthwl yn ei gledro a'i ddadfeilio bob yn dipyn, yn peri tristwch.

Ar y pen, dacw'r Adran Newyddion pan ymunes i gynta yn y saithdegau cynnar, yn cael ei chwalu'n deilchion. Ond allan nhw ddim chwalu atgofion. Ar gyrion stafell fawr y Newyddion roedd 'na ystafell fechan i ni'r hunanliwtwyr oedd yn cyfrannu i raglenni newyddion Cymraeg ar y radio. Os bydden ni'n lwcus fe fyddai 'na stori i fynd ar ei hôl, a gwaith a thâl! Mae'n f'atgoffa o'r cytundebau oriau zero. Ond am hwyl! Roedd cael cwmni Carwyn James yno'n brofiad amheuthun gyda'r galw am ei arbenigedd unigryw e yn dod o sawl cyfeiriad, oedd yn golygu yn aml fod y gwaith iddo'n pentyrru ac ynte'n gwerthfawrogi bach o help. Un oedd yn barod i gynnig ei wasanaeth iddo oedd y diweddar Emrys Jones, oedd ei hun yn dalp o dalent. Roedd gan Carwyn golofn rygbi ym mhapur y *Guardian* ond aeth hi'n ben set arno unwaith neu ddwy oherwydd prinder amser ac fe gynigiodd Emrys ei helpu. Doedd gan Emrys ddim clem am rygbi, ond pan ymddangosodd ei golofn *aka* Carwyn yn y *Guardian*, roedd e fel petai'n feistr o'r radd flaenaf ar allu dadansoddi gêm o rygbi. Cafodd farciau llawn gan yr arch feistr ei hun.

Ar y llawr gwaelod roedd Stiwdio C2 fu'n gartre i mi am flynyddoedd lawer. Cyn *Newyddion S4C*, o fan'ny roedd *Heddiw* yn

cael ei darlledu a finne'n cael fy mhenodi i fod yn gyd-gyflwynydd i'r diweddar Emyr Daniel tua 1974 – mae 'nghof i am ddyddiadau yn gwbwl ddi-werth a dwi'n eiddigeddus o'r rheiny sy'n gallu cofio pob dyddiad a phob manylyn sy wedi digwydd iddyn nhw yn ystod eu gyrfa. Rhyw fras drosolwg sy gen i.

Rhaid oedd galw yn y stafell golur cyn mynd i'r stiwdio. Y dyddiau hynny roedden ni'n cael ein maldodi gan bobl fel Babs, Eirioes, Kathy, Jill, Wendy a Marina... oedd â'r ddawn hefyd i wneud i ni ymlacio cyn wynebu'r camerâu a pha bynnag ddrama oedd o'n blaenau! A hynny yn aml gyda'u straeon – oedd yn ymwneud yn aml ag enwogion o bedwar ban. Cofiaf un yn adrodd stori amdani'n coluro un o gomedïwyr amlyca Prydain. Wrth dacluso'i wallt fe ddaeth ei wig bant yn ei llaw. Gallwch ddychmygu ei hymateb hi. Ei ymateb e oedd: 'wel dyna ddiwedd ar y gyfrinach – fe fydd pawb nawr yn gwbod fy mod i'n gwisgo wig!'

Yn rhannu'r llawr gwaelod roedd stafell oedd yn dipyn o ffefryn gen i – stafell ymarfer y Gerddorfa, sef Cerddorfa Genedlaethol Gymreig y BBC. Cefais y fraint o gyflwyno rhaglenni cerdd ar hyd y blynyddoedd ac roedd hynny'n ddigon o reswm i fynd i wrando arnyn nhw'n ymarfer. Mae gen i atgofion gwerthfawr o gwrdd â mawrion y byd cerdd, yn cynnwys y diweddar Mariss Jansons, gŵr o Latvia a phrif arweinydd gwadd y gerddorfa yn yr 80au – un o arweinyddion mwya'r byd. Roedd ei weld yn arwain y clasuron gan gyfansoddwyr Rwsieg, yn enwedig, yn aros yn y cof fel petai'n ddoe. Tadaaki Otaka o Japan – dyna arweinydd ysbrydoledig arall.

Cofiaf gantorion rif y gwlith, sêr y cyfnod, a hynny wrth gwrs yn cynnwys ein cantorion byd-enwog ni – y ddiweddar Margaret Price yn arbennig. Mentraf ddweud mai ganddi hi roedd llais soprano gore'r cyfnod. Diolch i dechnoleg sain a gwefannau fel Spotify ac YouTube, dwi fel miloedd o bobl eraill yn dal i allu ei gwerthfawrogi. Erbyn hyn mae'r waliau oedd yn atseinio i'w llais hi a'r lleill, ac i gerddoriaeth glasurol orau'r blaned, yn llwch o dan ddau adeilad di-fflach a *boring* sy naill ai'n dai neu'n fflatiau.

Y nesa i fynd oedd y Pebble Walk enwog, ac uwch ei ben y

stiwdios radio. Y golau coch y tu fas yn eich rhybuddio i beidio â mentro agor y drws rhag ofn bod rhywun fel yr arch-ddarlledwr, Hywel Gwynfryn, wrthi'n fyw yn diddanu'r genedl â'i *Helo Bobol*. Falle 'mod i'n rhamantu braidd ond y cof sy gen i yw bod 'na fwrlwm parhaus, a theimlad oedd yn fy ngwneud i'n falch o allu dweud 'mod i'n cyfrannu i raglenni'r BBC, a hynny yn Gymraeg. Ond dwi'n cofio teimlo hefyd fel rhan o deulu dwyieithog naturiol – pawb yn gytûn ac yn parchu ei gilydd pa bynnag iaith roedden ni'n digwydd ei siarad. Roeddem hefyd yn dysgu oddi wrth ein gilydd, drwy'r trwch i gyd!

Down at y darn ola o'r adeilad ac mae'r mwrthwl yn fwy haerllug a milain ei waith wrth fwrw'r darn hwn i ebargofiant. Yma roedd penaethiaid y BBC yn byw, ar y pumed llawr. Doeddech chi byth yn siŵr a oedd cael gwahoddiad i fynd lan i'r llawr hwn yn beth i'w groesawu neu beidio. Roedd yr hyn oedd yn digwydd yno a beth oedd yn cael ei benderfynu yn ddeunydd breuddwydion!

Owen Edwards (y diweddar) oedd wrth y llyw pan ymunes i. Chwara teg iddo fe, roedd e'n weladwy! Byddai'n dod i'r cantîn ar y llawr gwaelod i ymuno â'r gweithwyr ... er, unwaith, buaswn i wedi bod yn hapusach petai e heb ddod. Roedd e ym mhen blaen y ciw bwyd, finne yn y gwt. Fe welodd e fi a dyma fe'n dweud – wel, gweiddi – 'doeddwn i ddim yn meddwl llawer o'r eitem 'na bore 'ma!' Ddaear, llynca fi! Ond, roedd rhaid i fi gytuno. Yn nodweddiadol o un o'n darlledwyr gore ni erioed, fe'm gwahoddodd i rannu ford 'dag e. Am hanner awr dda fe fuom yn trafod, a finne'n gwerthfawrogi pob gair o enau'r meistr.

Dwi wedi gorfod defnyddio'r gair 'diweddar' yn aml, ac fe allwn ychwanegu Anja a Nicola a ... at y clwstwr. Ac mae David wrth galon yr atgofion, wrth gwrs. Dyw'r hen fwrthwl ddim wedi llwyddo i chwythu'r atgofion gyda'r llwch.

Bob Geldog
Cartref Cŵn Caerdydd
Dafydd Llewelyn

Clywir sŵn drws metel trwm yn agor a chau a sŵn goriadau ar gadwyn, fel 'taen ni mewn carchar. Yn raddol clywir sŵn traed yn agosáu a drws arall yn cael ei agor cyn y daw sŵn pawennau'n troedio'n ysgafn hyd y llawr ac yna drws cell yn cael ei gloi eto, a sŵn traed yn pellhau. Clywir udo tawel. Saib.

Gel: Argol, ti'n ôl!
Saib.
Gel: Ti'n iawn?
Saib.
Gel: Ateba fi, Bob. Ti'n iawn?
Bob: Ydw.
Gel: Be ddigwyddodd?
Bob: Dwi'm isio siarad am y peth.
Gel: Ti'n siŵr dy fod ti'n ia...
Bob: *(Ar ei draws)* Dwi'm isio siarad, reit?
Gel: Ia, sori. Dallt yn iawn.
Distawrwydd.
Gel: Wel, dwi reit falch dy fod ti'n ôl ... Ma' petha 'di bod yn ddigon tawal 'ma hebdda chdi ... Fawr ddim newyddion fel y cyfryw, er, nei di byth ddyfalu be gafon ni i ginio ddoe ... Ty'd 'laen, dyfala ... wel, ti am ddy...
Bob: *(Ar ei draws)* Gel!
Gel: Be?
Bob: Cau dy geg!
Gel: Olreit, 'sdim isio bod fel'na.
Bob: Sori.

Gel: 'Mond trio bod yn glên o'n i.
Bob: Ia, wn i. Sori.
Saib.
Gel: Yli, adawa i i chdi setlo, gawn ni paw-waw pan fyddi di'n teimlo fel …
Bob: Na, paid â mynd. (*Saib*) Sgin ti'm syniad pa mor braf ydi dy weld di. Ar un adeg o'n i'n poeni 'swn i byth yn …
Gel: Gest ti dy guro?
Bob: Ddim felly.
Gel: Be 'di ystyr hynna? Naill ai gest ti neu ddim.
Bob: Ches i'm fy nghicio, ond …
Gel: Cym dy amser …
Bob: O'n i wir yn meddwl 'mod i wedi llwyddo i ennill eu calonna' nhw, 'sti.
Gel: Ond …
Bob: Dyna 'di'r broblam, dwi'm cweit yn siŵr be ddigwyddodd … Un diwrnod roedd bob dim yn grêt, pawb adra yn gneud ffỳs mawr ohona i, pawb yn chwerthin ac yn rhoi mwytha i mi bob munud. Ac wedyn, mwya sydyn … wel, wedyn doedd neb hyd lle a ges i 'nhaflu ar y stryd … dwi'm yn dallt.
Gel: Hei, ty'd 'laen rŵan, rho'r gora i'r crio 'ma.
Bob: O'n i wir yn gobeithio mai rhain 'sa 'nheulu i am byth, 'sti.
Gel: 'Sdim byd yn para am byth yn yr hen fyd 'ma.
Bob: 'Sa ti 'di gweld y lle. Gwely clyd efo blancedi Melin Tregwynt, powlenni Nantgarw lyfli i ddal fy mwyd a 'niod a digonedd o degana meddal i chwara efo nhw'n bobman. O'n i wir yn meddwl 'mod i wedi cyrraedd y nefoedd.
Gel: O, Bob bach.
Bob: Nes i hyd yn oed adael iddyn nhw newid fy enw i 'Waldo' er mwyn trio'u plesio nhw.
Gel: Waldo?!
Bob: Paid â chwerthin, oeddan nhw'n awyddus i roi enw Cymraeg go iawn i mi.
Gel: Ond Waldo?

Bob: Ar ôl y bardd 'de, hwnna sgwennodd 'Cofio' a 'Pa beth yw dyn?'.

Gel: Ia ia, dwi'n dallt hynna siŵr. Ond toeddan nhw 'rioed 'di clywad am R. Williams Parry?

Bob: Nag'ddan, yn amlwg. Ond roedd popeth mor berffaith 'sti. Tŷ mawr crand, gardd yn edrych allan dros gaea' Pontcanna, BMW estêt ar y dreif efo sticar 'Cofiwch Dryweryn' ar y bympar, a'r plant yn siarad Cymraeg gwell na Saunders ei hun. (*Saib*) Pam doeddan nhw'm isio fi, Gel?

Gel: Duw a ŵyr. Petha ar ddwy goes ydyn nhw – hollol anwadal.

Bob: Ond roedd rhein yn bobl o sylwedd. Llond llyfrgell o lyfrau Gwasg Gregynog, Cyfansoddiadau Steddfod yn dyddio'n ôl i 1885 a phob rhifyn o *Barn*, *Y Pedwar Gwynt* a'r *Cristion* ers y dechrau, i gyd yn eu trefn gronolegol.

Gel: Ddrwg gin i ddeud 'tha chdi, ond tydi Cymry'n ddim gwahanol i unrhyw bobol erill 'sti.

Bob: Gel!

Gel: Ma'n wir. Ma' nhw'n licio meddwl 'u bod nhw'n frid ar wahân i bawb arall ac yn sbesial, ond yn y bôn gei di rai sy'n dda ac annwyl, a gei di erill sy'n hen ddiawliaid creulon ac annifyr.

Bob: Ti'n swnio bach yn chwerw.

Gel: Bod yn onast dwi. Mae 'na wahaniaeth. Ma' bywyd yn haws unwaith ti 'di dallt hynna 'sti.

Bob: Does neb 'di dangos diddordeb yndda chdi ers i fi ada'l?

Gel: Ges i'r cwpwl 'ma aeth â fi am dro ar hyd yr afon am ryw awran a deud bo' nhw wedi gwirioni arna i. Wedyn wsnos yn ddiweddarach, ddaethon nhw i fy nôl i a deud bo' nhw am fy mabwysiadu i.

Bob: Duw, da.

Gel: Ia. Am y mis cynta ro'dd bob dim i'w weld yn tsiampion.

Bob: Ond ...

Gel: Ddôth y wyres lawr i aros atyn nhw am wylia, ac aeth pethau'n flêr ...

Bob: Ond ti'n dda efo plant.

Gel: Roedd yr hen hogan yn iawn. Ei thelyn hi oedd y broblam. Chwara'r bali peth o fore gwyn tan nos, er mwyn trio plesio'i nain – roedd o'n ddigon i roi'r bendro i unrhyw un. 'Swn i'm yn meindio tasa hi'n Catrin Finch, ond doedd ganddi hi'm cliw. 'Sa chdi 'di'i chlywad hi'n mwrdro 'Bugeilio'r Gwenith Gwyn' ... uffernol ydi'r unig air.

Bob: Be nest ti?

Gel: Cnoi ambell dant liw nos, a rhedag nerth fy nhraed o'r gegin a tharo mewn i'r delyn o'r ochor nes o'n i'n gweld sêr.

Bob: Aaawww! Nest ti lanast?

Gel: Mwy nag o'n i wedi'i fwriadu. Do'n i'm yn dallt bod telyna'n betha mor fregus. Ddisgynnodd y bali peth ar ei ochor mewn chwinciad, gan grafu'r papur wal blodeuog a chnocio'r Kyffin o'dd ar y wal.

Bob: Un gwreiddiol?

Gel: Ia. Aeth y delyn drwy'r ffram a'r gwydr fel cyllall drwy fenyn.

Bob: O, blydi hel!

Gel: O'n i'n teimlo'n reit euog i ddechra, ond ti wedi gweld 'i lunia fo o gŵn defaid? Dwi'm yn artist, ond bach yn *sketchy* ydyn nhw a deud y lleia.

Bob: Oeddan nhw'n flin?

Gel: Blin? Chlywis i'r 'mo'r fath iaith anweddus rioed o'r blaen, ac i feddwl bod y ddau'n mynd yn selog i'r capal bob bore Sul, fynta'n flaenor ac yn codi canu a hithau'n drysorydd.

Bob: Bechod hefyd.

Gel: Ia falla, ond i fod yn onast, o'n i reit falch o ga'l fy hel yn ôl yma – o leia dwi'n gwbod lle dwi'n sefyll yn fan hyn, ac i beidio disgwl gormod.

Bob: Ti'n meddwl y gwnawn ni ffeindio rwla allwn ni 'i alw'n gartra go iawn rywbryd?

Gel: Yn onast? Dwi'm yn gwbod.
Bob: Dwi'm isio tyfu'n hen yn fan hyn, 'sti.
Gel: Na, wn i.
Bob: Ma' raid i ni obeithio y gwneith rywun, ryw ddydd, ein dewis ni …
Gel: Falla.
Bob: … A'n caru ni am byth …
Gel: Ia, ein 'caru ni am byth'. A tan ddigwyddith hynny, sticiwn ni efo'n gilydd a fyddwn ni'n tsiampion.
Bob: Ma' hi mor braf dy weld di eto.
Gel: A chditha.
Bob: Gyda llaw, be gafoch chi i ginio ddoe?
Gel: Tships a cyrri sôs.
Bob: Be? Go iawn?
Gel: O Bob bach, ti mor hawdd dy dwyllo. Naci siŵr, yr un peth ag arfer 'de: bisgedi sych a dŵr.
Bob: Gweld bod dy jôcs di'n gwella dim, ond paid byth â newid. Pawen lawen, Gel.
Gel: Pawen lawen i ti, boi.

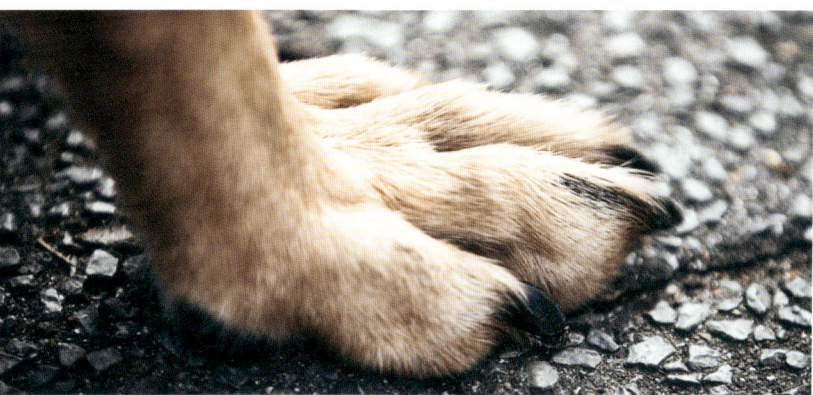

Caerau
Rebecca Thomas

Cyflym yw dirywiad pensaernïaeth dyn.

    Syllu ar adfeilion Eglwys y Santes Fair ydw i – yr hyn sydd yn weddill o dŵr, porth, a muriau a ry syniad o hyd a lled y corff. Debyg na fyddai'r ymwelydd a ŵyr mai yn y drydedd ganrif ar ddeg y codwyd yr eglwys hon yn beirniadu ei chyflwr yn rhy hallt. Ond byddai'r ymwelydd a wyddai ei bod yn eglwys weithredol tan 1973 yn rhyfeddu wrth gyflymdra ei dirywiad.

    Roedd rhaid dringo bryn serth er mwyn cyrraedd yr adfeilion. Ar ben bryn yng Nghaerau mae'r eglwys, yn swatio ger ffin dde-orllewinol y ddinas rhwng yr A48 a'r A4232, dafliad carreg o brysurdeb Croes Cwrlwys. Debyg mai hon yw eglwys oruchaf y ddinas – yn llythrennol, hynny yw. Rydyn ni yn nheyrnas Llandaf yma, wrth gwrs. Yn wir, ymysg y nendyrau mae modd gweld yr Eglwys Gadeiriol. Myn ei thŵr ddigon o sylw, a bod yn deg, er gwaethaf ymdrechion yr ysbyty i'w ddominyddu. Ond o'r uchder hwn, teimla'n bitw, braidd. Yn wrthrychol, ni all yr eglwys wrth fy nghefn gystadlu â gogoniant Llandaf. Eto, mae rhywbeth yn hudol am yr adfeilion sy'n llechu ymysg y cloddiau a'r coed. Bydd y sawl sy'n tarfu arni yn teimlo awydd cryf i gamu trwy'r hyn sy'n weddill o borth siâp bwa – i ddim unman. Neu i oes arall, efallai. Anodd dychmygu ceidwad yr eglwys ar y bryn yn gwyro pen i'r esgob islaw.

    Bydd y rhai ohonoch sydd â diddordeb mewn enwau lleoedd yn synnu 'mod i wedi dechrau gyda'r eglwys. Caer sydd gyda ni yma, wrth gwrs, gyda'r lluosogydd -au. Mwy nag un castell, felly. Enw a wna waith da o ddisgrifio'r safle yn blwmp ac yn blaen. Ond nid yw'r bryn yn ymffrostio yn ei hanes chwaith. Cynnil yw olion y caerau – yn hysbys ond i'r sawl sy'n gwybod am beth maen nhw'n edrych. I'm llygaid dibrofiad i, ymddengys y cloddiau'n ddigon naturiol. Lwcus fod gen i gwmni arbenigwr i'm cywiro!

Saif adfeilion yr eglwys ar gyrion un o'r caerau: yr un amlycaf i'm llygaid dibrofiad. Y gaer ganoloesol. Yma, mae'r tir wedi suddo i ffurfio powlen daclus – yr hyn sy'n weddill o feili o ryw fath. Cyfle i feistri Normanaidd Caerdydd wladychu o uchder heb orfod gafael mewn rhaw. Er 'mod i wedi treulio blynyddoedd yn darllen ac ysgrifennu am yr Oesoedd Canol (ac fel arfer yn bachu ar unrhyw gyfle i recriwtio eraill i'r achos) rhaid i mi gyfaddef nad dyma'r gaer fwyaf diddorol. Cornel fach o'r bryn ydyw, ac ymdrechion y Normaniaid i berchnogi'r safle yn chwarae plant o'u cymharu â'r hyn a ddaeth ynghynt. Ymestynnai caerau'r gorffennol pellennig dros y bryn cyfan: bryngaer sydd yma.

Crwydrwn ar drywydd concwerwyr. Dydy adeiladau'r Rhufeiniaid ddim wedi goroesi, ond mae sibrydion am eu presenoldeb. Darnau o grochenwaith yma ac acw yn tystio i fywyd ar y fryngaer o'r ganrif gyntaf tan y bedwaredd. Dyma agwedd ddifyr ar waith yr archaeolegwyr wrth ddatgelu cyfrinachau'r gorffennol: dysgwn gymaint am gymdeithas o'r hyn a gafodd ei ollwng, ei daflu i ffwrdd, ei adael. Wrth gwrs, yn amlach na pheidio bydd y sawl sy'n chwilota am geiniogau, gemwaith ac arfau'r gorffennol hefyd yn tarfu ar olion y presennol. Tybed sut fydd archaeolegwyr y dyfodol yn dehongli ein sbwriel, os cânt y cyfle?

Ond does gen i fawr o amser i oedi gyda'r Rhufeiniaid. Gallwn ni fentro'n ôl ymhellach eto. Efallai mai byr oedd Oes yr Haearn o fewn tragwyddoldeb, ond mae'r pridd yn cofio. Erbyn 600 C.C. roedd ffens bren yn amgylchynu'r fryngaer; erbyn 400 C.C. adeiladwyd y cloddiau naturiol yr olwg. Ehangwyd ac ailadeiladwyd yr amddiffynfeydd hyn dros y canrifoedd. Efallai mai byr oedd Oes yr Haearn o fewn tragwyddoldeb, ond mae ein hoffter o godi muriau wedi parhau. O fewn y muriau mae adlais bwrlwm bywyd. Gwelwn yma olion tai crynion a stordai sgwâr. Os wrandawn yn astud gallwn ddychmygu lleisiau'r ddau gant o breswylwyr.

Ni ellir amau pwysigrwydd y safle arbennig hwn i'r archaeolegydd a'r hanesydd. Yma mae modd gweld treigl amser a chymdeithas yn newid ... neu'n aros yr un peth. Ond nid yw hanes

y fryngaer yn dod i ben gyda'r Normaniaid, nac ychwaith gyda chau drysau Eglwys Santes Fair ym 1973. Oherwydd ar lethrau'r fryngaer, codwyd caer newydd. Caer dra gwahanol yw hon, un sy'n ffafrio drysau agored dros furiau. Canolfan Treftadaeth a maes chwarae a godwyd gan gymuned sydd yn ymwybodol iawn o'u hanes. Mae siâp crwn a physt pren cyntedd allanol y Ganolfan yn efelychu tai Oes yr Haearn. Wrth gloddio, daeth un o'r gwirfoddolwyr lleol o hyd i fwclis o'r un cyfnod. Y patrwm troellog ar y mwclis sydd wedi ysbrydoli cynllun y meinciau yn y maes chwarae.

Efallai fod tuedd weithiau i weld 'hanes' fel rhyw fwystfil i'w ddofi a'i gaethiwo mewn llyfrau gan fyddin o arbenigwyr. Er ei fod yn flêr, nid yw'r bwystfil yn tarfu rhyw lawer ar gymdeithas ehangach – amherthnasol yw'r ornest rhyngddo a'r fyddin. Cymaint felly fel bod cyllido'r fyddin yn bwnc llosg a'i lefelau recriwtio wedi disgyn. Yng Nghaerau gwelwn mai rhith yw'r amherthnasedd honedig hwn. Yma, mae hanes yn fyw ac yn eiddo i bawb. Mae'r gymuned wedi cloddio i'w gorffennol cyfoethog, wedi dal y gorffennol hwnnw yn eu dwylo ac wedi rhoi ystyr ac arwyddocâd iddo. Yma, trowyd i'r gorffennol er mwyn adeiladu at y dyfodol.

Dyma hanes Caerau, felly. Hyd yn hyn. Efallai mai cyflym yw dirywiad pensaernïaeth dyn. Ond mae rhai pethau yn aros.

Coleg Caerdydd
Beti George

Pam yn y byd y dois i i'r lle Seisnig yma? Dyna oedd fy ymateb cynta i pan gyrhaeddais i Goleg y Brifysgol, Caerdydd. Fel mae pethe wedi newid yn y brifddinas!

Doeddwn i ddim yr adeg honno yn gwerthfawrogi pensaernïaeth Parc Cathays, gydag adeilad y Coleg yn fawreddog ond yn oeraidd ac yn ddieithr i fi – mae'n ddrwg gen i, William Douglas Caröe, y pensaer. Yn ddiddorol, mae fy atgofion o lefydd yn ymwneud â bwyd yn aml iawn. A'r hyn dwi'n ei gofio am yr adeilad yw ei stafell goffi a chael *eccles cake* neu *doughnut* bob bore – doeddwn i erioed wedi blasu dim byd tebyg.

Uniaith Gymraeg oedd fy magwraeth ond roedd yr addysg yn Ysgol Ramadeg Llandysul yn Saesneg. Cefais sioc ychydig fisoedd ynghynt pan ddeallais fod 'na bobl oedd yn casáu'r Gymraeg. Ar fy ffordd i gael cyfweliad yn y coleg yng Nghaerdydd oeddwn i, yng ngorsaf Caerfyrddin, a gofynnais yn ddiniwed yn fy Nghymraeg gorau, 'alla i gael ticed *return* i Gaerdydd plis?' Yr ateb oedd, 'cut out that foreign language here!' Mae'r geiriau wedi'u serio ar fy nghof.

Ond roedd 'na dynfa i Gaerdydd – dylanwad fy athrawes gerdd, yr adran gerdd oedd ag enw mor dda, ac roedd fy mam wedi cael ei hel i Gaerdydd yn 14 oed i fod yn forwyn stafell i deulu'r Webbers, perchnogion y *Western Mail* ar y pryd, oedd yn byw yn Nhŷ Gwyn ym Mhenylan. Roedd e'n brofiad erchyll iddi.

Wel, fe lanies i yng Nghaerdydd, ac wrth gofrestru, y nesa ataf yn y ciw oedd Saesnes hyderus a ddwedodd wrthyf beth fyddai pwnc ei Ph.D. ar ôl graddio! Doeddwn i ddim yn siŵr beth oedd Ph.D., heb sôn am feddwl y buaswn yn cael gradd, gobeithio, ymhen tair blynedd – y cyntaf yn fy nheulu i gael un.

Neuadd Aberdâr oedd y llety: merched yn unig a'r rheolau yn

uffernol o lym. Dim croeso i fechgyn, ac roedd pob un fyfyrwraig i fod i mewn erbyn deg o'r gloch. Do, fe gymerodd hi dipyn go lew o amser i mi deimlo 'mod i wedi dod i'r lle iawn. Ond gyda help ffrindiau: Mari o Aberystwyth, Meri o Abersoch a Sylvia o Gwm Dulais, fe setlais.

Treuliais fy mlwyddyn gynta yn canu a chwarae'r piano – dyna'r cof sy gen i. Côr ecsgliwsif Kodaly yn yr adran gerdd, Côr y Coleg a Chôr Neuadd Aberdâr. Bydde'r gyfansoddwraig enwog Grace Williams yn sgrifennu darn i'r côr hwnnw bob blwyddyn, adeg y Nadolig. Ac roedd hi'n gymaint o fraint cael canu unawd wrth i'r côr gerdded i mewn i'r neuadd y Nadolig cynta hwnnw, ymhell bell yn ôl!

A be dwi'n gofio o'r cynnwys academaidd? Wel, a bod yn onest, roedd yr ochr gymdeithasol yn fwy at fy nant i! Penderfynais fynd ymlaen i astudio Cymraeg fel pwnc gradd. Doedd dim angen gweithio mor galed wrth hwnnw.

Roedd y dynfa at Goleg y Brifysgol Caerdydd hefyd yn cynnwys y ffaith fod Saunders Lewis yn ddarlithydd yn yr Adran Gymraeg. Roedd e'n dipyn o arwr. Gwaetha'r modd, erbyn i mi gyrraedd roedd e wedi gadael. A.O.H. Jarman oedd y pennaeth, oedd yn arbenigwr ar chwedlau Arthur. (Ie, ni'r Cymry biau hwnnw, nid y Saeson, sy fel petaent wedi ei herwgipio!) Roedd e'n cŵl am ei fod yn briod â'r eithriadol cŵl Eldra, y sipsi. Am gymeriad!

Hyd yn oed os nad oedd S.L. yno'n gorfforol, roedd hi'n amhosib dileu ei ddylanwad. Siaradai cyn-fyfyrwyr amdano'n cyrraedd ei ddarlith ddeng munud yn hwyr a gadael ddeng munud yn gynnar, ond bydden nhw wedi dysgu mwy yn yr ugain munud hynny na fusen nhw mewn mis o ddarlithoedd gan eraill! A'r hyn oedd yn ddiddorol i fi oedd ei fod yn *gourmet*. Mae'n rhaid ei fod e, gan ei fod yn mynychu'r Big Windsor Hotel lawr yn Tiger Bay yn rheolaidd, mae'n debyg.

Y cyngor i ni fyfyrwyr ar y pryd, ddiwedd y pumdegau a dechrau'r chwedegau, oedd i beidio mentro lawr i'r Bae. Dwi'n cofio anwybyddu'r cyngor sawl gwaith a chael y lle yn arallfydol i rywun

fel fi o grombil cefn gwlad Sir Aberteifi. Ond fues i erioed yn y 'World famous gastronomic landmark' sef y *restaurant* yng ngwesty'r Big Windsor oedd yn cael ei gyfri yn un o'r goreuon ym Mhrydain yn y 1950au, gyda rhai yn mynnu mai yno roedd y lle bwyta Ffrengig gore y tu fas i Ffrainc.

Abel Magneron – fu'n *chef* i neb llai na'r prif weinidog, David Lloyd George – oedd y perchennog. Fe fyddai'r sêr i gyd yn galw heibio; rhai fel Richard Burton a Stanley Baker ... a Saunders Lewis.

Mae 'na un stori am ddyn yn dod o bell i gael pryd o fwyd yno. Gofynnwyd iddo a oedd e wedi archebu bwrdd. Nag oedd. Ond pan ddwedodd e ei fod wedi teithio o Baghdad i fod yno, fe ososdd Abel fwrdd bach iddo yng nghornel y stafell.

Cafodd Abel ei ladd mewn damwain car yn Ffrainc ym 1954. Fe gadwodd ei weddw, Madame Magneron, y lle i fynd nes iddi ymddeol. Ym 1967 caewyd y lle ar ôl i dân achosi tipyn o ddifrod.

Mae'r Big Windsor yn dal yno, ond yn hytrach na bod yn gyrchfan i bobl o ben draw'r byd, mae'n fflatiau ... *luxury flats*, wrth gwrs!

Craig Llys-faen
Rebecca Thomas

'Os wyt ti'n syllu'n syth ymlaen, galli di ddychmygu ein bod ni yn y wlad.'

Newydd symud 'nôl i'r ddinas oeddwn i, a newydd sylweddoli nad oeddwn yn berson dinas. Neu, yn hytrach, newydd sylweddoli nad oeddwn yn berson Caerdydd – eto. Dydw i ddim yn un i fynd i chwilio am haul ar fryn fel arfer, ond gorfodais fy hun i roi ystyriaeth deg i ddatganiad fy mhartner.

Doeddwn i erioed wedi sylwi ar yr union olygfa hon o'r blaen. Rwyf yn gyfarwydd iawn â Llyn y Rhath. Dyw'r parc ddim wedi newid rhyw lawer ers i mi chwarae yno'n blentyn. Yn ddiweddarach, fe'm gyrrwyd gan addunedau uchelgeisiol i dreulio sawl mis Ionawr yn rhedeg o gwmpas y llyn. Yn ddiweddarach eto, ysgogodd rheolau'r cyfnod clo ddiolchgarwch bod fy mhartner wedi penderfynu rhentu fflat gerllaw. Ond nid rhedeg a rheolau ymbellhau cymdeithasol yw'r amodau gorau ar gyfer sylwi ar olygfa. Doeddwn i erioed wedi oedi ar y promenâd o'r blaen, i wneud dim arall ond edrych.

Roedd y dŵr llonydd yn borth i fyd arall, byd lle roedd y goleudy ben i waered a braidd yn niwlog. Adlewyrchiad ein byd ni ond eto'n fwy na hynny, rywsut. Roedd y byd a gâi ei lunio ar wyneb y llyn yn wahanol, yn llai sicr. O bryd i'w gilydd, deuai ambell ŵydd i guro'i hadenydd ar y dŵr a newid cyfluniad y byd hwnnw am ennyd.

Wrth reswm, y goleudy sy'n hawlio sylw'r sawl sy'n oedi ar y promenâd. Yn gwisgo côt newydd weddol ddiweddar o baent gwyn ac yn trochi mewn golau gyda'r hwyr, mae i'r clocdwr bresenoldeb diamheuol. Ond os bydd rhywun yn edrych tu hwnt i'r goleudy, byddant yn gweld wal o goed. Ac o godi eu llygaid uwchben y coed, cânt weld y bryniau. Wrth syllu'n syth ymlaen, gan ganolbwyntio'n llwyr ar y coed a'r bryniau ac anwybyddu sŵn y traffig, gall rhywun anghofio eu bod nhw yng nghanol Caerdydd.

Ar fympwy, penderfynon ni gerdded i'r bryniau. Nid yw'r daith gerdded hon yn un i'w chynnwys mewn llyfr ar gyfer twristiaid sydd am weld Caerdydd ar ei gwedd orau ... beth bynnag fo hynny. Prin iawn yw'r tirnodau. Trwy goedwig Nant Fawr i ddechrau. Er bod y llecyn hwn o dir gwyllt yn gymharol fach (ac wedi'i amgáu gan heolydd prysur, siop goffi, ac ysgol), hawdd yw ymgolli yng nghwmni'r adar anweledig ar lwybrau nad ydynt yn arwain i ddim unman. Ond er mwyn parhau, rhaid darganfod y llwybr sydd yn arwain i rywle – y llwybr i'r cronfeydd dŵr. Bu'r cronfeydd dŵr yn bwnc llosg yn ystod fy mhlentyndod ac arwyddion 'save our resevoirs' yn britho'r ardal. Erbyn heddiw, mae Dŵr Cymru wedi datblygu safle ymwelwyr newydd a llwybr i gylchu'r dŵr. Rhwng y ddwy gronfa ddŵr a Llys-faen mae sawl cae sy'n eiddo i flodau gwyllt a'r plant sydd wedi gosod siglen i grogi o goeden. Caf yr argraff 'mod i'n crwydro llecyn cyfrwys o dir nad yw'r ddinas yn ymwybodol ohono. Argraff a gaiff ei chwalu'n go gloi wrth gyrraedd y cae olaf a'r safle adeiladu. Nesaf, rhaid osgoi'r ceir ar heolydd cul Llys-faen a mentro trwy gae o geffylau yn gwarchod coed afalau. Os ffeindiwch eich hun o dan yr M4, rydych ar y trywydd cywir. Bydd gât gyfrwys – mor gyfrwys bu i mi gerdded yn syth heibio iddi – rhwng dau dŷ yn eich arwain i lwybr trwy dir fferm. Ac yna mae'r dringo'n dechrau go iawn. Nid yr Wyddfa mo'r bryn dan sylw, na Phen y Fan, hyd yn oed. O'i chorun i'w sawdl, mae Craig Llys-faen yn mesur 264 o fetrau. Ond gan mai Caerdydd yw'r sawdl, mwy neu lai, o leiaf caiff rhywun ymffrostio eu bod wedi dringo'r holl ffordd.

Mae cerdded o Lyn y Rhath i Graig Llys-faen yn teimlo fel teithio rhwng dau fyd – y byd sicr uwchben y llyn ac adlewyrchiad niwlog y byd hwnnw. Arwyddion ar bostion yn datgelu ymgyrch i amddiffyn llwybrau cyhoeddus, ochr yn ochr â ffens bigog yn dynodi ffiniau ystad newydd o dai. Y goeden a fenthycwyd i gynnal y siglen dros dro yng nghanol y blodau gwyllt, ochr yn ochr â pheiriannau cymysgu sment. Y tyndra rhwng yr angen am le a'r angen i amddiffyn lle. Gall y sawl sy'n troedio'r llwybr ymdrochi ym myd natur

y ddinas. Adar coedwig Nant Fawr, madarch gwyllt ar lethrau'r graig, a ffesant yn crwydro'r heol i gyfeiliant tanio gynnau.

    Ffin yw Craig Llys-faen mewn gwirionedd. Mae'r bryn yn amlwg yn rhyw hanner-ymwybodol o'i statws. Er nad yw'n arbennig o uchel na'r llwybr yn arbennig o boblogaidd, ceir piler triongli i ddynodi'r copa a mainc i ymwelwyr fwynhau'r olygfa. I'r gogledd o'r ffin hon, ymestynna'r bryniau a'r cymoedd hyd Fannau Brycheiniog. I'r de, gorwedda'r ddinas yn ei llawn ogoniant. Digon llwyd oedd y diwrnod hwnnw ar y copa, ac anodd gwahaniaethu rhwng y cymylau dros y ddinas a'r môr tu hwnt iddi. O'r uchder yma, model Lego yw Caerdydd ac mae modd rhoi trefn arni. Gall rhywun ddefnyddio tirnodau – Llyn y Rhath, yr Ysbyty, y cronfeydd dŵr, y Stadiwm, yr arfordir – i honni eu bod nhw'n adnabod y lle. Roeddwn i'n gallu olrhain ein taith gerdded, hyd yn oed, a gweld yr union fan y try'r tir gwyllt yn frown o dan oruchwyliaeth y tyrchwyr.

    Ond nid o bellter y mae adnabod lle go iawn. Caiff rhai pethau eu cuddio. Llwydda troad y tir i ddileu'r M4 a'r sŵn fu mor fyddarol wrth gerdded oddi tani lai nag awr ynghynt. Ac o'r uchder yma, collir golwg ar y cymhlethdod. Nid dau fyd sydd yma, ond un: byd sy'n gwbl sicr a thaclus ei ddatblygiad a'i gynnydd.

Grangetown
Ali Yassine

I Grangetown, dafliad carreg o'r Dociau. Dim ond afon Taf oedd yn gwahanu'r ddau le, ond roedd fy ardal newydd yn fyd arall o'i gymharu â'r hyn roeddwn i'n gyfarwydd ag ef. Cartref newydd, ysgol newydd a ffrindiau newydd. Ond doedd Grangetown ddim mor groesawgar bryd hynny. Flynyddoedd yn ddiweddarach fe wnes i ddarganfod mai gan deulu Asiaidd y prynodd fy rhieni ein cartref ni oherwydd fod pob tŷ arall wnaethon nhw'u gweld yn yr ardal yn berchen i bobl nad oedd am werthu i deulu Du. Mewn rhai achosion, doedden nhw ddim hyd yn oed wedi llwyddo i fynd i weld y tŷ.

    Serch hynny, wnaethon ni symud i 44a Taff Embankment, oedd yn teimlo fel palas. Tri llawr. Pum stafell wely. Tair stafell fyw, gardd a thoiled tu mewn, i gyd am £7,000. Er hyn, am resymau oedd yn hysbys i fy rhieni yn unig, roeddwn i dal yn rhannu ystafell wely gyda fy nau frawd iau. Roedd fy chwaer, ar y llaw arall, a oedd flwyddyn yn hŷn na fi, wedi cael ei hystafell wely ei hun. Sawl tantrwm yn ddiweddarach, ac ar ôl i Grampy ymyrryd, cefais fy ystafell fy hun.

    Roedd i'r tŷ hanes diddorol. Adeiladwyd Grangetown gan y teulu Turner – dim ond dau floc i ffwrdd oedd eu cartref a'u busnes. Roedd cartref Turner yn adfail ers blynyddoedd erbyn i ni symud i'r ardal, ac yn ddiweddarach cafodd ei droi'n dafarn, yr Inn on the River, neu Pub on the Mud fel y byddai'r bobl leol yn ei alw. Yn ddiweddarach fyth, daeth yn floc o fflatiau. Fodd bynnag, doedd dim un tŷ arall ar y ffordd yn debyg i'n tŷ ni. Dros ddrws ein hystafell ffrynt, o dan haenau o bapur wal, roedd y dyddiad 1901 wedi'i ysgythru, ac ar ôl i ni grafu'r papur oddi ar wal ein hystafell fyw, datgelwyd drws a oedd wedi'i gau i fyny â brics. Eglurodd ein hen gymydog, Mrs Briggs, y cyfan yn ei hacen

Geordie gref – roedd ei thŷ hi, tŷ roedd hi'n ei rentu ar brydles oes gan BP yn dilyn marwolaeth ei gŵr, a'n tŷ ni yn wreiddiol yn un uned, sef meddygfa. Cyfeiriai 1901 at y dyddiad y cafodd ein bloc ni ei gwblhau. Os cerddwch chi i ben arall y bloc, mae dyddiad arall, 1900, wedi'i gerfio i'r calchfaen uwchben un drws ffrynt. Dyna'r dyddiad y dechreuwyd adeiladu'r bloc.

Fel mae'r enw'n awgrymu, roedden ni'n byw ar lan afon Taf. O'n drws ffrynt, i'r chwith, gallen ni weld canol y ddinas ychydig gannoedd o lathenni i ffwrdd, gyda Pharc yr Arfau yn goron ar y cyfan, ac i'r dde, yr afon yn ymdroelli tua'r môr. Roedd ein cymdogion, Mrs Briggs yn 44 a'r Taylors yn 46, yn groesawgar iawn. Deuai Mrs Briggs yn wreiddiol o Newcastle, ac roedd yn byw ar ei phen ei hun. Ar y pegwn arall, roedd y Taylors yn deulu o wyth ond roedd eu plant yn llawer hŷn na ni. Yr ochr arall i'r afon roedd stad ddiwydiannol ac yn union gyferbyn â'n tŷ ni roedd ffowndri John Williams, a oedd yn chwydu sŵn, llwch ac arogl brwnt drwy'r dydd a'r nos.

Roedd Grangetown yn bendant yn ardal fwy cefnog na'r Dociau, ac roedd mwy ar gael yno. I ddechrau, roedd dau barc. Un oedd y Marl, darn eang o dir yn ffinio ag afon Taf yn llawn caeau pêl-droed a rygbi. Y llall oedd Gerddi'r Grange, parc Fictoraidd oedd â gwelyau blodau hardd, clwb bowlio, cyrtiau tenis a bandstand, gyda bandiau pres yn perfformio yno bob dydd Sul.

Roedd yr ardal yn meddu ar ei llyfrgell ei hun, clwb bocsio a dewis eang o siopau. Wrth gwrs, roedd hyn cyn dyddiau'r archfarchnadoedd a siopau y tu allan i'r dref. Roedd popeth yn lleol, o ffrwythau a llysiau i ddillad a dodrefn. Roedden ni'n bwyta bwyd ffres yn aml. Roedd hyd yn oed becws, Avana, a siop bastai leol, Clarkes, a oedd yn enwog ledled y ddinas. Ar ben hynny, o fewn taith gerdded o ugain munud o'n tŷ ni, gallwn ddewis rhwng dringo dros wal ffrind i wylio'r pêl-droed ym Mharc Ninian, neu sleifio i mewn i Barc yr Arfau yng nghanol y ddinas i wylio'r rygbi.

Ychydig iawn o bobl Ddu neu Asiaidd oedd yn byw yn yr ardal. Wedi'r cyfan, 1973 oedd hi. Roedd ambell deulu Eidalaidd,

Sbaenaidd a Groegaidd, ond roedd llawer o drigolion Grangetown yn ddisgynyddion i'r mewnfudwyr Gwyddelig a oedd wedi adeiladu'r dociau, neu i'r rhai a oedd wedi dod i Gaerdydd o'r Cymoedd a'r tu hwnt i weithio yn y dociau. Amrywiaeth, felly, oedd p'un ai oeddech chi'n Brotestant neu'n Gatholig.

Er ei bod yn ymddangos fod llinellau sectyddol yn bodoli yn Grangetown, doedd dim ots gan y mwyafrif o bobl. Roeddwn i, ar y llaw arall, yn eu gweld nhw'n hynod ddiddorol. Er enghraifft, ar un cornel o Corporation Road, un o brif rydweliau Grangetown yn rhedeg o ganol y ddinas i'r Dociau, roedd Clwb Ceidwadol gyda Jac yr Undeb yn cyhwfan y tu allan. Gyferbyn roedd Clwb Catholig, a'r faner drilliw Wyddelig yn hedfan yn falch. Roedd eglwysi ar wahân, timau chwaraeon ar wahân a digwyddiadau cymdeithasol ar wahân, ond roedd yn ymddangos i mi y gallai unrhyw un ymuno. Doedd neb yn gwirio manylion. A dweud y gwir, doedd dim lot o Geidwadwyr go iawn yn bodoli yn Grangetown – daeth y rhan fwyaf yn aelodau o'r clwb oherwydd bod bwrdd snwcer a chwrw rhad yno. Doedd y Clwb Catholig chwaith ddim yn ymddangos yn fwy na chlwb yfed. Byddai'n cau ei ddrysau am 11yh ond yn dal i adael pobl i mewn ar ôl oriau yn aml, gan honni bod priodas neu barti preifat yn cael ei gynnal.

Roedd yr ysgol yn Grangetown yn bendant yn sioc ddiwylliannol i blentyn o'r Dociau. Roedd dwy ysgol: Grange Council a Saint Pat's. Doedd dim ots pa un fyddwn i'n ei mynychu oherwydd fel bachgen o'r Dociau, roeddwn yn gwybod 'mod i'n mynd i fod yn darged beth bynnag. Roedd gan blant y Dociau enw da ac fe'n hystyrid ni'n galed, ac felly yn scalp, yn Grangetown. Fodd bynnag, doeddwn i ddim yn ymladdwr o gwbl … ond roeddwn i'n ddoniol ac yn gallu gwneud i'r plant mawr chwerthin. Serch hynny, wrth adael yr ysgol ar fy niwrnod cyntaf, ceisiodd dau o'r milisia lleol ymosod arna i. Yn ddiarwybod iddyn nhw, roeddwn i eisoes wedi gwneud ffrindiau gyda'r boi caletaf yn fy mlwyddyn, a oedd yn digwydd byw rownd y gornel oddi wrtha i ac a oedd wedi dangos y ffordd i'r ysgol i mi'r

bore hwnnw. Ar ben hynny, roedd e wedi cynnig fy hebrwng adref a doedd e ddim yn hoff iawn o'r ffaith fod y bechgyn hyn yn ymosod ar ei ffrind newydd. Rwy'n dal i wenu wrth gofio'r gurfa a roddodd e iddyn nhw.

Hanner can mlynedd yn ddiweddarach, rwy'n dal i fyw yn Grangetown, ond nid yr un Grangetown yw hwn. Mae'r ardal yn grochan fel roedd y Dociau ar un adeg, o Bacistaniaid i Bwyliaid, ac o bobl o Orllewin Affrica i siaradwyr Cymraeg. Mae popeth yma, o siopau sbeis Asiaidd a barbwyr Cwrdaidd i'r archfarchnadoedd sy'n gwerthu cynnyrch o Ddwyrain Ewrop a'r bwytai Affro-Garibïaidd. Gallwn ddadlau mai dyma'r ardal wnaeth elwa fwyaf o ddatblygiad Bae Caerdydd. Mae'r stadau diwydiannol wedi'u troi yn flociau o fflatiau ar lan y dŵr. Mae'r afon ei hun wedi'i glanhau a bellach yn frith o weithgareddau dŵr a chychod tacsi. Ac mae datblygiad Taith Taf, sy'n rhedeg trwy Grangetown ac ar hyd yr afon, yn golygu fod llwybr cerdded a beicio di-dor o Fae Caerdydd i Gaerffili. O ganlyniad, mae prisiau tai yn Grangetown wedi cynyddu a phobl ifanc lleol yn cael eu prisio allan. Nawr, ble ydw i wedi clywed hynny o'r blaen?

Dymp Bessemer Rd
Ffion Dafis

Tasach chi'n edrych ar eu gwefan nhw, canolfan ailgylchu ydi'r enw cywir am y lle, ond i mi, dymp ydi o. Dwi wedi cael fy nenu at ac wedi gwirioni ar ddymps ers pan o'n i'n hogan fach. Ro'n i'n ei theimlo hi'n trît cael mynd efo Dad i ddymp Penhesgyn yn Sir Fôn ar ddydd Sadwrn ar ôl bod i fyny yn yr atig a'r garej, a dwi'n dal i gyffroi pan dwi'n cael mynd i ddymp Bessemer Rd, Caerdydd.

Mae petha wedi newid lot ers cyfnod y taflu unrhyw beth i unrhyw le. Mae mynd i Bessemer Rd bellach yn golygu cynllunio manwl. O'r eiliad dwi'n cofrestru ar y wefan, mae 'na ryw ysgafnder yn dod drosta i, ac er bod 'na bendroni mawr am sbelan cyn mynd ynglŷn â be sy'n haeddu mynd a be sy'n aros, tydw i erioed wedi difaru y lluchio allan. Mae cyrraedd adre ar ôl gwaredu yn fy ngwneud i'n lanach a thawelach fy meddwl bob tro.

Dwi wedi dysgu y ffordd anodd na alla i stwffio bob dim i unrhyw fag plastig a gobeithio na fydd 'run o'r dynion yn eu lifrai oren yn gweld 'mod i'n sleifio petha i'r sgip *Household Waste*. Alla i ddim meddwl am gael fy mychanu o flaen gyrwyr yr holl geir eraill eto wrth i un ohonyn nhw agor tarpolin gwyrdd a thywallt cynnwys fy mag bin o flaen pawb. Hen frwsh llawr. Nicyrs a fu'n gadach llawr ers wythnosau. Tu mewn radio. Tuniau bwyd wedi pasio'u dyddiad o gefn y cwpwrdd yn y pantri, llond llaw o hen CD's wedi malu. A Fflyff.

Erbyn rŵan, mae pob bag du a bocs yn gorfod cynnwys rhywbeth o'r un rhywogaeth. Mae'n wych meddwl bod 'na le i bopeth yn y byd 'ma … pob hen bot paent hanner llawn a hyd yn oed y tiwb strip golau na weithiodd ers 2002.

Dwi'n teimlo 'mod i'n rhan o glwb ecsgliwsif wrth orfod dangos fy nhrwydded yrru i'r dyn yn y cwt wrth ymyl y giât. Dim ond dau ddeg chwe gwaith y flwyddyn y cewch chi fynychu. Er 'mod i ddim

yn dod yn agos at hynny, dwi wedi dod yn dipyn o ffrindiau efo gweithiwr barfog o America sy'n darllen llyfrau ditectif rhwng tshecio ceir. Wrth ymddiheuro am fod yn hwyr i fy slot un diwrnod cefais wên a "Hey lady, within the same day is good enough for me! Chill. it's only rubbish!" Bechod nad oedd yr un dywalltodd fy sbwriel o flaen pawb o'r un farn!

Dwi wrth fy modd yn gwylio'r ceir eraill yn dadlwytho'u heiddo diangen. Does dim llawer ohonyn nhw'n edrych mor flêr â fi! Dwi wrth fy modd bod pob un ohonan ni'n edrych ar ein gwaethaf ac mae hynny'n ein huno am yr ychydig funudau o flaen y sgipiau metel mawr. Mi welais i brifardd mewn *jogging bottoms* a bandana ar ei ben unwaith, a dyna brydferthwch y lle: mae'n gymdeithasol ar ei ffurf fwyaf naturiol. Pob un yn edmygu gwrthodedig bethau ei gilydd.

Am ryw reswm mi rydw i ar fy mwyaf rhamantus mewn dymp. Ar ôl blynyddoedd o luchio ar fy mhen fy hun, pan ddaeth fy mhartner i 'mywyd, roedd cael mynd â fo i'r dymp yn bwysig. Roeddwn i am iddo weld i ble ro'n i'n lluchio fy stwff ac roedd gweld ei dechneg o falu fy soffa yn ddarnau a rhannu'r lledr a'r ffôm i fagiau rwbel glas a'u lluchio'n hyderus i'w sgipiau cywir yn gwneud i mi sylweddol 'mod i wedi dewis un da! Mae cael mynd i'r dymp wedi bod yn ffordd hyfryd o dreulio prynhawniau Sadwrn. Dwi'n syrthio'n ddyfnach mewn cariad ar y ffordd adre yn y car ... mae 'na lefel arall wedi ei chyrraedd yn ein perthynas.

Mi fradychais i'r dymp ryw dair blynedd yn ôl a phenderfynu gosod sgip y tu allan i'r tŷ yn ystod cyfnod chwalu hen gegin. Diogi oedd y prif reswm. Gwyddwn y byddai tripiau dyddiol yn anorfod am ddyddiau. Byth eto. Tydw i erioed wedi cael gair croes efo 'run cymydog mewn dros ugain mlynedd o fyw ar y stryd, ond daeth dyfodiad y sgip â'r gwaethaf allan ynddai.

Os oeddan nhw'n ddigon cwrtais i gnocio ar y drws i ofyn am gael stwffio tamad o hen garped neu fricsan o'r ardd i'r bocs metel doedd gen i ddim problem, ond pan oedd pethau'n ymddangos ac yn amddifadu fy nheils a'm leino fi o'u lle, doedd dim dal yn ôl! Mi

chwythodd fy ffiws pan ddaliais fy nghymydog sy'n byw gyferbyn, yr un na ddeudodd 'helô' ers pymtheng mlynedd, yn sleifio fel llwynog bach yn nyfnder nos i wthio hanner pram babi, bagiau melyn o hen napis, printar a chylchgronau anweddus i'r corneli. Cafodd y cylchgronau eu postio'n reit handi yn ôl i lle daethon nhw! Roedd hi'n bryd mynd yn ôl i'r dymp.

Mi benderfynais adael y ddinas yn ddiweddar a mudo i ardal y mynyddoedd, ond doedd gen i ddim calon i adael y tŷ bach yn Nhreganna yn llwyr. Mae wedi bod yn gartref hapus i mi am bron i chwarter canrif. Mae 'na deulu bach Cymraeg wedi ei rentu gen i, a dwi'n gobeithio y byddan nhw yno am sbelan ac y byddant yn magu gwreiddiau a dod yn ffrindiau efo'r cymdogion a wnaeth y lle mor arbennig i mi.

Roedd yn rhaid clirio'r lle iddyn nhw, a daeth y dymp a'i gymeriadau yn rhan annatod o'r symud. Wrth sefyll o flaen y sgipiau Pren, Trydan, Cardfwrdd, Gwydr a Gardd, gwyliais y pethau diangenraid o'r corneli yn llithro ac yn tasgu i'w priod sgip a'r grafanc fawr drydan yn eu gwasgu'n ddim.

Wrth edrych o 'nghwmpas, roeddwn i'n gwybod na fyddwn yn dod yn ôl i'r lle 'ma am flynyddoedd, os byth, ac roedd hynny'n iawn. Gwenais wrth sefyll yno yn fy fflip fflops a hen drowsys pyjamas du a 'ngwallt fel tas, yn edrych ar y petha anghofiedig, gan wybod bod 'na ufflon o ddymp da ym Meirionnydd!

Ynys Echni
Gareth Potter

Mae Ynys Echni tua phum milltir i ffwrdd o arfordir Caerdydd yng nghanol Môr Hafren. Os edrychwch chi mas o Fae Caerdydd neu o Benarth, fe welwch ddwy ynys, un sy'n reit uchel a'r llall yn fwy fflat. Yr un uchaf yw Ynys Rhonech neu Steopanreolice (eglwys serth) i'r Saeson cynnar feddianodd yr ynys yn wreiddiol. Mae'r ynys yn dal i fod yn rhan o Wlad yr Haf, Lloegr, ond mae ei chymydog llai serth mor Gymreig â bara lawr neu pice ar y maen.

Dyma fan mwyaf deheuol Cymru, ac mae ganddi hanes difyr ac amrywiol. Er taw dim ond un dyn a miloedd o gwningod a gwylanod sy'n byw yno erbyn hyn, mae Ynys Echni wedi bod yn gartref i bobol ers yr Oes Efydd ac mae olion yr adfeilion sydd wedi goroesi'r gwynt a'r tonnau yn adrodd hanesion di-ri am y graig a'i thrigolion amrywiol.

Mae 'na sôn fod Catwg Sant, sylfaenydd Abaty Llancarfan, wedi byw yno fel meudwy am ryw saith mlynedd yn ystod y 6ed ganrif. Hefyd, mae cofnodion yn dangos bod mynachod o abaty Sain Augustine wedi sefydlu fferm yno yn y 12fed ganrif gyda gwartheg, defaid a moch yn cael eu cadw yno heb i'r ffermwyr orfod talu trethi. Cafodd y cwningod, sydd yno hyd heddiw, eu cyflwyno ar yr un adeg.

Cafodd hen ffermdy'r mynachod ei droi'n westy yn y 1897au, ac er iddo gau ei ddrysau i ymwelwyr ychydig flynyddoedd yn ddiweddarach, mae bellach wedi'i atgyweirio, ac erbyn hyn mae'n bosib aros yno unwaith eto.

Yn ogystal â'r ffermdy, mae 'na oleudy hardd gafodd ei adailadu ym 1737 er mwyn helpu i leihau'r peryglon i longau yn lonydd prysur a pheryglus Môr Hafren. Ym 1908 adeiladwyd corn niwl i helpu'r goleudy – ond ni chlywyd ei wylofain galarus ers iddo gael ei dawelu ym 1997.

Ym 1883, er mwyn diogelu trigolion Caerdydd, penderfynwyd anfon cleifion oedd wedi dal yr afiechyd colera ar y môr, i'r ynys. I ddechrau roeddynt yn aros mewn pebyll, ond erbyn 1896, ar ôl i'r afiechyd ledaenu, roedd cymaint o alw am sanitoriwm fel yr adeiladwyd ysbyty yno, oedd yn weithredol tan y 1930au. Ar ôl iddo gael ei ddefnyddio gan y Fyddin yn ystod yr Ail Ryfel Byd, fe'i gadawyd yn adfail. Erbyn hyn mae cynlluniau i adnewyddu'r hen ysbyty ar gyfer ymwelwyr.

Un o'r pethau enwocaf (a mwyaf cŵl) i ddigwydd ar Ynys Echni oedd darlledu'r neges radio gyntaf erioed dros y môr oddi yno gan y dyfeisiwr enwog Guglielmo Marconi ar Fai 13eg 1897, i Larnog ym Mro Morgannwg. Trosglwyddwyd y neges, oedd yn gofyn, 'Ydych chi'n barod?' drwy gyfrwng cod Morse, a dyma ddechreuad yr oes fodern o gyfathrebu o ddifri.

Mae'r ynys hefyd wedi bod yn ganolfan filwrol bwysig, ac mae olion y magnelau anferth a arferai ddiogelu'r sianel rhag ymosodiadau yno. Sefydlwyd hwy yno ar ôl i'r Frenhines Victoria gael braw wrth sylwi ar nerth y Llynges Ffrengig pan ymwelodd â Ffrainc. Wedyn, yn ystod yr Ail Ryfel Byd, adeiladwyd gynnau gwrth-awyrennau yno, a barics i tua hanner cant o filwyr.

Erbyn hyn, mae'r ynys yn gartref i blanhigion a gwylanod prin, cwningod di-ri a warden a'i dîm o wirfoddolwyr sy'n gofalu am y warchodfa natur bwysig yno. Mae'n bosib ymweld ag Echni trwy fwcio lle ar un o'r cychod bach cyflym sy'n teithio i'r ynys yn ddyddiol o Fae Caerdydd.

Rwyf wedi edmygu'r ynys ers pan o'n i'n ifanc, felly pan ddaeth cyfle i mi fod yn rhan o brosiect haf difyr yno ar ôl y cyfnod clo, mi neidiais at y cyfle gyda brwdfrydedd plentyn oedd ag awydd bach o ramant morwrol.

Comisiynwyd y cwmni perfformio LaLaLa i ddyfeisio gêm ar gyfer pobol ifanc oedd wedi bod yn gofalu am eu rhieni yn ystod y pandemig. Pan ofynnwyd i un o'r plant beth fyddai'n ddymuno'i wneud, dywedodd y byddai'n caru cael bod yn fôr-leidr, ar ynys oedd â thrysor cudd, am ddiwrnod. Felly, aethom ati i sefydlu ysgol hyfforddi ar gyfer disgynyddion Barti Ddu a Chapten Morgan.

Am wythnos gyfan, fe hwylion ni bob dydd o'r Bae mas i'r ynys gyda chân yn ein calonnau a heli yn ein gwaed. Fe ddysgon ni sut i siarad a chanu fel môr-ladron, sut i ddarllen mapiau trysor gyda chwmpawd a chysgod, sut i ddarganfod a dwyn trysorau sgleiniog a sut i adrodd straeon am anturiaethau arwrol. Fe orymdeithion ni ar hyd llwybrau a thros draethau Echni yn chwerthin a chyd-ganu, gan godi baner erchyll y benglog a'r esgyrn croes dros y ffermdy ar ddiwedd y dydd.

Pleser ac anhrydedd oedd gweld plant, rhai mor ifanc ag wyth oed, oedd wedi gorfod gweithio mor galed yn gofalu am rieni dros gyfnod mor anodd, yn chwarae a mwynhau mor frwdfrydig. Ar ddiwedd wythnos o forio ro'n i wedi blino'n lân, ond wedi syrthio mewn cariad yn llwyr gyda'r graig hynod hon oedd wedi bod yn gartref i Sacsoniaid a saint, milwyr a chleifion, Llychlynwyr a nawr môr-ladron ffyrnig.

Mae'n ddarn hynod o dir sy'n gadael i'r dychymyg hedfan yn rhydd – gyda golygfeydd ysblennydd o Gaerdydd, y Fro a Gwlad yr Haf. Mae'r machlud yno'n hudolus a'r heddwch yn anarferol tu hwnt yn y rhan hon o Gymru. Ewch yno i deimlo'r hanes ac i fwynhau'r natur unigryw. Ewch yno i dawelu ac i wella. Ewch yno i chwarae ac archwilio, ond beth bynnag yw'r amcan – ewch yno. Does na'r un lle sy'n debyg i Ynys Echni.

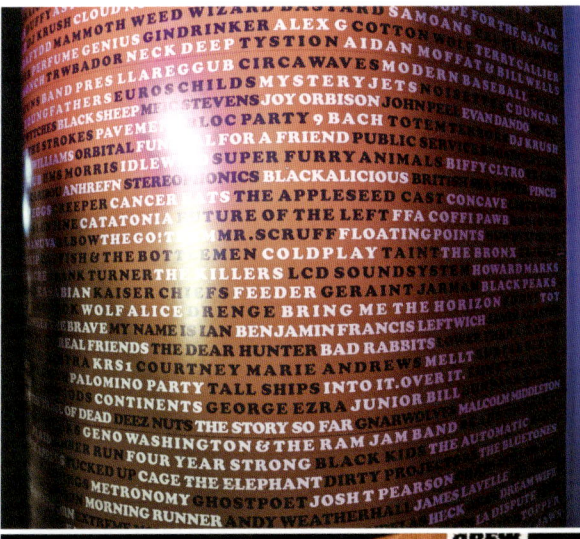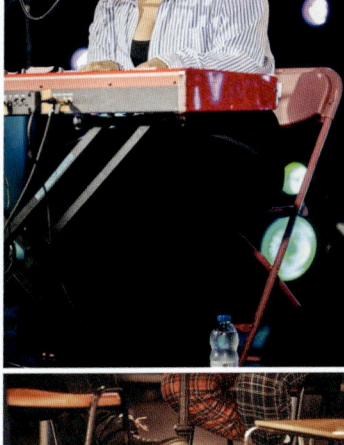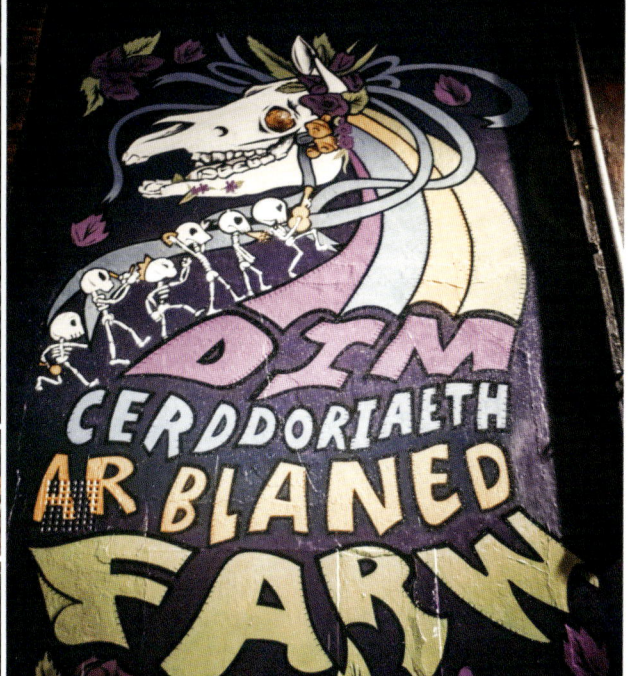

Parc y Rhath a Chaeau Llandaf
Huw Llywelyn Davies

Roedd hi'n olygfa gyfarwydd iawn slawer dydd. Y 'trolley buses' – y bysys troli niferus yn gwau ar hyd strydoedd Caerdydd, yn cario teithwyr o bob cyfeiriad ar hyd a lled y ddinas. Bysys deulawr, tawel, trydan oedden nhw, gyda dwy fraich hir yn ymestyn o'r to i gysylltu â'r gwifre dwbwl uwchlaw o ble y deuai'r pŵer i'w gyrru ar eu taith. Ar Ddydd Gwyl Dewi 1942 y gwelwyd y cynta'n mentro i'r hewlydd gan ddechre disodli'r hen dramiau a fu yno ers blynyddoedd, ac fe fuon nhw'n rhan amlwg iawn o'r tirlun hyd nes i'r ola adael y sied ym mis Ionawr 1970, gan adael y ffordd yn glir o hynny ymlaen i'r bysys mwy modern oedd wedi dechre cario pobol ers rhyw ddegawd erbyn hynny.

    Ond pam, meddech chi, taw'r bysys hyn sy'n cael y sylw cynta gen i wrth hel atgofion am Gaerdydd? Wel, dechre'r daith i rai – rhif 4 os cofia i'n iawn – oedd Parc y Rhath, a dyna lle mae 'nhaith inne'n dechre hefyd wrth gofio'n ôl. Ym Merthyr y ces i fy ngeni, fy nghodi ym mhentre glofaol Gwauncaegurwen ym mhen ucha Cwm Tawe. Ond drwy'r cyfnod roedd 'na gysylltiad agos gyda Chaerdydd hefyd. Y ddinas oedd hen gartre Mam – dyna lle cwrddodd hi â 'nhad – ac roedd gweddill ei theulu agos yn dal i fyw yno pan oeddwn i'n ifanc: ei brawd yn Rhiwbeina, ei chwaer ar gyrion Cyncoed a'i mam – mam-gu fy chwaer Beth a minne – yn 33 Shirley Road o fewn tafliad carreg i gylchfan y bỳs troli a Pharc y Rhath. Bydden ni'n gyson iawn, felly, yn gadael y Waun ar benwythnos i aros gyda'r teulu, a Pharc y Rhath yn atyniad amlwg.

    Darn hir o dir yw'r Parc yn ymestyn o Gyncoed yn y gogledd at y Rhath yn y de-ddwyrain, wedi'i rannu'n sawl adran ar hyd Nant Fawr, Nant y Lleuchi a Nant y Dderwen Deg. Arglwydd Tredegar oedd piau'r tir yn wreiddiol: fe'i rhoddwyd i'r ddinas ym 1887 ac

agorwyd yr ardal gynta i'r cyhoedd ym 1894, gydag ardaloedd eraill yn cael eu hychwanegu'n gyson ati dros yr 20 mlynedd nesa, ac yn fwy diweddar hyd heddi. Ond mae'n cadw llawer o'r naws Fictoraidd clasurol cynnar hwnnw, gyda rhesi o dyfiant lliwgar yn ymestyn ar hyd dŵr Nant Fawr, sy'n ddelfrydol ar gyfer crwydro'n hamddenol am awr neu ddwy a gwerthfawrogi'r holl amrywiaeth o flodau a bywyd gwyllt yn cynnwys yr ardd rosynnau enwog, a'r Tŷ Gwydr sylweddol sy'n gartre i blanhigion a choed anarferol, palmwydd a choed banana yn eu plith. Mae llyn bach a rhaeadr yno hefyd yn y canol, lle gellir gweld pysgod amrywiol, terapiniaid a hwyaid chwibanog. Ceir casgliad gwych o goed a llwyni yn yr ardd fotaneg, ac mae llwybr antur bywyd gwyllt gyda phlanhigion o fforestydd glaw trofannol ac arddangosfeydd o flodau egsotig o bedwar ban byd. Does dim syndod taw dyma barc mwya poblogaidd y brifddinas, a theilwng iawn oedd i'r datblygiad dderbyn gwobr y Faner Werdd rai blynyddoedd yn ôl i gydnabod ei safon uchel a'i bwysigrwydd i'r gymuned.

Ond eto, yn enwedig pan oedden ni'n blant, y prif atyniad heb os oedd y llyn sy'n ganolbwynt i'r holl ardal. Fe'i datblygwyd ymhell dros ganrif yn ôl drwy adeiladu argae, sydd bellach yn cael ei adnabod fel y promenâd, ar dir corsiog ar draws dyffryn y Rhath a Nant Fawr. Ar ôl cyfnod hir o gloddio â llaw fe gafodd ei lenwi â dŵr am y tro cynta ym mis Rhagfyr 1893, gan ddefnyddio llif afonig y Nant Fawr ar gyfer y gwaith. Ychydig dros ddwy filltir yw'r pellter o gwmpas y llyn, ac mae miloedd bob blwyddyn yn dod i gerdded ar hyd y llwybr hyfryd wrth ymyl y dŵr. Mae yno bedair ynys ar un pen o fewn ardal gadwraeth sy'n gartre i amrywiaeth rhyfeddol o adar y dŵr, ac mae rhyw gant o elyrch a gwyddau di-ri bob amser yn nofio'n hamddenol hwnt ac yma ar hyd y llyn. A dod i fwydo'r rheiny oedd un o'r pleserau mawr pan oedden ni'n blant – roeddem wrth ein boddau'n gweld yr elyrch a'r gwyddau yn heidio draw i ymladd dros y briwsion yr oedden ni'n eu taflu atyn nhw. Roedd modd pysgota hefyd – byddai rhai pysgotwyr profiadol yno am orie er mwyn dal y pysgod breision, ond rhwyd fach swllt a chwech o'r siop agosa oedd gen i yn grwt bach, wrth fy modd yn dal ambell bilcyn bach a'u cario mewn pot jam llawn dŵr i'w dangos yn fuddugoliaethus i'r teulu 'nôl yn Shirley Road!

    Braf hefyd oedd cael mynd ar y llyn. Roedd yno gwch pleser allai gario dyrnaid o deithwyr i'r pen pella, o gwmpas yr ynysoedd ac yn ôl, ond mwy o antur i ni yn ifanc oedd cael mynd yn y pedalos ar ein pennau'n hunain, a symud mlân wedyn at y cychod rhwyfo wrth dyfu'n hŷn, gan ddilyn llwybr y cwch pleser lan at yr ynysoedd; oedi yno weithie am ryw bicnic bach, cyn dod 'nôl ac o gwmpas tŵr y cloc – y goleudy enwog sy'n sefyll yn urddasol wrth ymyl y promenâd. Fe'i codwyd ym 1914 ac 1915 fel cofeb i antur aflwyddiannus Capten Scott a'i griw i'r Antartig i geisio darganfod Pegwn y De. Cyflwynwyd darn amlwg o'r llong, y *Terra Nova*, i Gaerdydd gan y perchennog, F. C. Browning o Lerpwl, ym 1913 i'w osod yn ymyl y promenâd, ac yn ystod y seremoni honno cyhoeddodd Browning ei fod am godi'r goleudy yn gofeb barhaol i griw y *Terra Nova* a hwyliodd o Gaerdydd ym 1910 ond a gollodd eu bywydau yn yr Antartig ym 1912. Gosodwyd plac ar y tŵr i anrhydeddu Scott a'r criw o bedwar, yn cynnwys y Cymro Edgar Evans, ac ar do'r goleudy rhoddwyd ceiliog y gwynt ar ffurf model o long y *Discovery* a hwyliodd ar antur gynharach Scott i'r Antartig ym 1901–1904.

    Oes, mae dipyn o hanes yn gymysg â'r golygfeydd trawiadol ym Mharc y Rhath. Mae yna barc chwarae deniadol i blant hefyd, ac ar un adeg roedd modd nofio yn y llyn, a chodwyd cabanau newid yno ar gyfer y nofwyr. Yn anffodus bu'n rhaid gwahardd hynny ganol y ganrif ddiwetha oherwydd y llygredd yn y dŵr... mae'r llygredd, gwaetha'r modd, yn parhau hyd heddiw. Serch hynny mae'n ardal hyfryd o hyd i'r teulu grwydro ac ymlacio ar brynhawn braf. Mae'r atgofion yn dal yn fyw i fi o'r penwythnose difyr hynny sbel fawr yn ôl!

Mae'n bryd symud nawr a theithio drwy'r ddinas at gaeau Llandaf a Phontcanna, a'r bỳs troli rhif 4 sy'n ein cario ni ar y daith. Neidio ar hwnnw ar gylchfan Parc y Rhath a bant â ni lawr Hewl Ninian, heibio i'r cyrtie tennis, y lawnt fowlio, y caeau pêl-droed, rygbi a phêl-fas ar y ffordd. Mlân wedyn at Strydoedd Wellfield ac Albany cyn troi eto at Heol y Plwca – City Road – mor bell â hen ysbyty'r Infirmary. Bellach ry'n ni wedi cyrraedd Hewl Casnewydd, a honno sy'n mynd â ni i ganol y ddinas: at holl siopau Stryd y Frenhines, heibio'r Castell a hen Barc yr Arfe, croesi afon Taf, ac wrth y gole gwyro i'r dde ar gymal ola'r daith ar hyd Hewl y Gadeirlan at Gaeau Llandaf a Phontcanna. Dyma ben pella ardal eang o barcdir yng nghanol y ddinas sy'n ymestyn o gefn y castell drwy Barc Bute a Gerddi Soffia y naill ochor a'r llall i'r afon – adnodd gwerthfawr iawn ar gyfer pob math o weithgareddau awyr agored. Mae yma rwydwaith o lonydd i'w cerdded yng nghysgod y coed, rhan o Lwybr Taith Taf sydd mor boblogaidd gan feicwyr o bob oed, parc chwarae sylweddol i'r plant, lawntie bowlio a chyrtie tennis. Roedd yma bwll nofio hefyd, cyn iddo gau yn gynnar yn y 1990au.

Wrth grwydro ymhellach o'r canol, ry'n ni'n cyrraedd tir agored Caeau Llandaf a Phontcanna sy'n gartre i gymaint o feysydd criced, rygbi a phêl-droed. Fe ges i gyfnod braf yn chware ar y caeau hynny dros Glwb Rygbi Cymry Caerdydd 'nôl yng nghanol y 1970au, a chefais foddhad wedyn o weld Rhodri, fy mab, yn gwisgo'r un crys am sawl tymor. Hyd yn oed nawr rwy'n dal i sefyll ar yr ystlys ar benwythnosau'n mwynhau gwylio'r wyrion, Gruff a Cai, yn dangos eu donie ar y caeau pêl-droed a rygbi.

Mae'n werth nodi taw ym Mhontcanna yr oedd stiwdio a chanolfan HTV pan fentrais i'r byd darlledu am y tro cynta ym 1974, i weithio ar raglen Gymraeg nosweithiol *Y Dydd* ar y sianel Saesneg ar ôl cyfnod o bum mlynedd yn athro yn Llanymddyfri. Roedden nhw'n ddyddie hapus iawn yn rhan o dîm oedd yn cyd-dynnu'n arbennig wrth ein gwaith ac yn gymdeithasol – bron fel un teulu agos o dan arweiniad cadarn y diweddar Gwilym Owen. Rhwng popeth dyw hi ddim syndod, felly, bod yr ardal hon yn golygu llawer i fi.

Ond mae un rheswm arall – un pwysicach fyth, o bosib – pam rydw i wedi dewis dod â chi at Gaeau Llandaf, a hynny yw arwyddocâd y llecyn hwn o dir o safbwynt datblygiad y Gymraeg ym myd y campau. A dyma ichi pam. 'Nôl ym 1930au'r ganrif ddiwetha roedd criw o athrawon eitha ifanc mewn gwahanol ysgolion yn y ddinas – fy nhad yn un ohonyn nhw – yn ceisio cymell y plant i ddysgu rhywfaint o Gymraeg yn yr ysgolion cynradd. Fel abwyd, fe gynigion nhw fynd â'r disgyblion i chware rhywfaint o rygbi ar ôl yr ysgol. Ar Gaeau Llandaf y buon nhw'n chware, ond chware yn Saesneg, wrth gwrs, gan nad oedd terme Cymraeg ar gael ar y pryd. Felly aethpwyd ati i ddechre bathu terme ar gyfer y gêm. Ar Gaeau Llandaf y cafodd geirie fel mewnwr a maswr, cais a throsgais, yr ystlys, gôl adlam a chamsefyll eu clywed am y tro cynta. Ac o dipyn i beth, fe gydiodd y terme. Daeth ambell erthygl yn y papure newydd – y gyntaf gan Dr Gwent Jones yn *Y Cymro* ym 1934 yn bwrw golwg dros yr ornest rhwng Cymru ac Iwerddon yn Belfast. Bu Nhad yn cyfrannu i'r *Faner*, dechreuwyd darlledu adroddiade ar gemau ar y radio ar nos Sadwrn, a chafwyd rhaglen gylchgrawn wythnosol, *Y Maes Chwarae*, yn trin a thrafod gwahanol gampe: roedd geirfa Gymraeg ar gyfer y campau oll – pêl-droed yn enwedig – wedi'i ddatblygu erbyn hynny. Cafwyd cam enfawr ymlaen ym 1972 pan ddarlledwyd sylwebaeth lawn yn y Gymraeg am y tro cynta ar gêm rygbi ryngwladol, Cymru yn erbyn y Cryse Duon, gyda John Ifans a'r anfarwol Carwyn James wrth y meicroffon. Ac yna, wrth

gwrs, cyrraedd y penllanw pan lansiwyd Radio Cymru ym 1979 ac S4C wedyn ym 1982. Bellach roedd trosolwg cyflawn o'r byd chwaraeon, yn trafod a disgrifio'r holl brif ddigwyddiade o bob cwr o Gymru a'r byd; a'r cyfan yn cyrraedd ein cartrefi, ein clybie a'n tafarne yn y Gymraeg.

A da dweud bod yr iaith yn dal ar wefuse pawb o gwmpas y meysydd lle dechreuodd y cwbwl, yn Llandaf a Phontcanna. Yn briodol iawn, dyma lle bu cartre Clwb Rygbi Cymry Caerdydd ers ei sefydlu ym 1967, a gwych yw meddwl bod tua thri chant o blant a phobl ifanc, yn fechgyn a merched rhwng chwech a phymtheg oed, yn aelode bellach o adran iau'r Clwb Rygbi hwnnw. Maent yn paratoi, yn ymarfer a chware'n gyson ym Mhontcanna, a hynny'n gyfan gwbl drwy gyfrwng y Gymraeg.

Pwy fydde wedi dychmygu y bydde'r fesen fach honno a blannwyd gan y criw athrawon hynny bron i ganrif yn ôl wedi tyfu bellach yn goeden gadarn gref; yn dal i gysgodi a gwarchod y Gymraeg o gwmpas Caeau Llandaf. Ond mae'r canghennau erbyn hyn wedi ymestyn yn rhyfeddol ar draws y wlad a'r cyfandiroedd, a sŵn yr iaith yn atseinio o feysydd chware ym mhedwar ban byd.

Ie, Parc y Rhath ar y naill law, Caeau Llandaf ar y llall, y ddau le ag arwyddocâd personol ac atgofion teuluol i mi ... ac wrth gwrs, yr hen 'trolley bus' rhif 4 yn ddolen gyswllt rhwng y ddau!

Maes Awyr y Rhws
Carwyn Jones

Pan oeddwn i'n fachgen bach roedd pobl yn arfer pwyntio at awyrennau wrth iddyn nhw hedfan uwchben. Weithiau byddent yn stopio'r hyn yr oeddent yn ei wneud ac yn rhyfeddu at y gwyrthiau hyn yn yr awyr nad oedd y rhan fwyaf o bobl yn y 1970au erioed wedi teithio arnynt. Roedd rhamant ynglŷn â hedfan a oedd yn dal dychymyg pobl, a châi ei weld fel rhywbeth egsotig, rhywbeth i anelu ato yn hytrach na'r gweithgaredd sy'n cael ei ystyried yn gyffredin y dyddiau hyn. Roeddwn yn un ar ddeg oed yn mynd ar awyren am y tro cyntaf, ond roedd fy mhlant wedi hen arfer hedfan ers pan oedden nhw'n fach gan y byddent yn dod gyda ni i Belfast i ymweld â theulu fy ngwraig. A dweud y gwir, iddyn nhw roedd taith ar fws yn fwy cyffrous na neidio ar 'Awyren y Ddraig' (Air Wales).

Dim ond megis dechrau oedd gwyliau pecyn yn y 1970au, ac ychydig iawn o bobl oedd yn hedfan ar deithiau awyren i unrhyw le. Roedd llawer o feysydd awyr bach o hyd o gwmpas y Deyrnas Unedig, ac yn ne Cymru roedd yr Awyrlu wedi gadael gorsafoedd yn Stormy Down y tu allan i Ben-y-bont ar Ogwr a Pengam Green yng Nghaerdydd. Roedd Llandŵ yn dal yn weithredol yn y 1950au ac fe'i cofir, wrth gwrs, am y trychineb awyr ym mis Mawrth 1950 pan laddwyd wyth deg ar awyren yn teithio yn ôl o Ddulyn i Gaerdydd ar ôl gêm rygbi ryngwladol. Hwn oedd y trychineb awyr gwaethaf mewn hanes ar y pryd. Yn y pen draw, caeodd yr holl feysydd awyr hyn ar wahân i un, a gafodd yr enw Maes Awyr Morgannwg (y Rhws), enw a gadwodd hyd at ddiwedd y 1970au pan ddaeth yn Faes Awyr Caerdydd, Cymru, ac yna Maes Awyr Caerdydd.

Roedd taith i'r maes awyr yn y dyddiau hynny i wylio awyrennau'n codi a glanio bron mor gyffrous â mynd ar yr awyren ei hun. Cofiaf sut y byddai fy nhad yn datgan ar nos Sul o haf ein bod am gael mynd i weld awyren yn tynnu oddi ar y maes awyr. Gyda chinio Sul

BEN Y BYD

DEPARTURES
GADAEL

wedi'i fwyta a'r ysgol Sul wedi gorffen, roedd yn wledd cael mynd i'r Rhws. Yn aml iawn dim ond un awyren fyddai'n codi yn y dyddiau hynny – awyren turboprop 4 injan yn hytrach na jet – a byddai'r awyren hon yn mynd i gyrchfannau egsotig fel Majorca neu Alicante, lleoedd na chlywsom fawr ddim amdanynt heb sôn am ymweld â nhw. Yn y dyddiau hynny nid oedd siopau na bariau yr ochr arall i'r giât wirio pasborts, felly roedd pobl yn arfer ymgynnull yn y bar cyn mynd trwy'r system ddiogelwch. Byddai awyrgylch o gyffro. Roedd pobl yn ffarwelio â'u teuluoedd fel tasen nhw ddim yn mynd i'w gweld am fisoedd, er y bydden nhw'n dychwelyd i'w casglu ymhen yr wythnos. Gan fod hefan yn ddigwyddiad mor unigryw, arferai pobl wisgo i fyny i fynd ar awyren; dynion yn ddieithriad mewn siwtiau a menywod yn eu dillad Sul gorau, yn aml gyda het. Doedd neb yn y dyddiau hynny yn teithio mewn jîns a threiners.

Wrth i'r teithwyr gael eu galw at y giât, byddai ffarwelio dagreuol ac addewidion na fyddai'r teuluoedd byth eto'n gadael i'w hanwyliaid deithio mewn ffordd mor anghyfrifol i wlad bell. Buan yr anghofiwyd yr addewidion hyn, wrth gwrs, ar ôl iddynt gyrraedd. Yn y dyddiau hynny roedd yn bosib gwylio pobl yn mynd ar yr awyren o ffenestri'r caffi neu deras awyr agored ar lawr uwch lle gallech godi llaw ar y rhai oedd yn gadael a hyd yn oed siarad â nhw. Mae'r dyddiau hyn o fesurau diogelwch llymach yn golygu nad yw'n bosibl gwneud hynny bellach, ond roedd yn atgof o'r math o ffarwelio y byddai pobl yn ei brofi mewn gorsafoedd rheilffordd wrth fynd ar drên stêm ers talwm.

Yn anochel, wythnos yn ddiweddarach byddai'r un bobl yn dod yn ôl i'r maes awyr i gyfarfod eu teuluoedd oedd yn llwythog o eitemau egsotig yr oeddent wedi'u prynu yn Sbaen, yn sombreros mawr ac asynnod tegan. Hyd yn oed yn fwy cyffrous oedd y posteri yn hysbysebu gornest ymladd teirw lle byddai'ch enw chi yn ymddangos yn lle enw'r matador. Deuai pobl yn ôl gyda diodydd o'r *duty free*, lle'r oedd rhaid prynu litr o wirodydd dim ond er mwyn 'arbed arian'.

Ym mis Mawrth 1978, aethon ni ar wyliau i Mallorca. Roedd fy nhad wedi bod yn yr Awyrlu Brenhinol ac wedi arfer hedfan yn ôl ac

ymlaen i'r Almaen, ond doedd fy mam, a oedd yn 40 oed, erioed wedi hedfan ac roedd hi'n nerfus iawn. Penderfynodd dawelu ei nerfau gyda brandi ym mar y maes awyr, ond roedd yr awyren bum awr yn hwyr ac felly cafodd sawl un arall ar ôl y brandi cyntaf hwnnw. Yn sicr, llwyddodd rhain i wneud iddi ymlacio. Rwy'n cofio'n dda iddi gael ei chario ar yr awyren mewn ffitiau o chwerthin, a'r holl ofid wedi diflannu. Rwy'n amau'n fawr a fydden nhw wedi caniatáu iddi hedfan y dyddiau hyn. Ni allai Mam ddeall pam fod y peilot yn dod allan i gyfarch teithwyr yn ystod y daith yn y dyddiau diogelwch isel hynny – pwy felly oedd yn hedfan yr awyren? Arweiniodd hyn, yn anochel, at alwadau am fwy o frandi. Roedden ni'n teithio mewn criw o 16, sawl teulu ohonom, a chofiaf fod un o ffrindiau fy rhieni, oedd hefyd yn hedfanwr nerfus, yn gwrthod codi i fynd i'r toiled rhag ofn y byddai hynny'n effeithio ar gydbwysedd yr awyren ac yn peri iddi droi drosodd.

    Mae Maes Awyr Caerdydd fel y mae ar hyn o bryd wedi bod yn lle i ymweld ag ef, lle i ymadael, lle ar gyfer aduniadau ac yn rhan bwysig o economi Cymru. Hir y bydded iddo barhau felly.

Sain Ffagan, y Tyllgoed a Choed Plymouth
Gareth Potter

Yn ystod cyfnod clo gwanwyn a haf 2020, fel llawer o drigolion ein dinas, mi fyddwn i a'r ci yn mynd am dro hir o leiaf deirgwaith yr wythnos. Mi fydden ni'n cadw'n teithiau cerdded yn lleol, gan gymryd mantais o'r tywydd braf, yr amser rhydd a'r cyfyngiadau teithio. Fel Tintin a Snowy, roedd ein hanturiaethau'n ein llusgo i fyd y dychymyg lle roedd estroniaid arallfydol yn cwrdd â Rhufeiniaid, Normaniaid, Uchelwyr Fictoraidd a dynion gwyllt y goedwig ... a hynny i gyd yn ein milltir sgwâr ar ochr orllewinol Caerdydd.

Nawr, mae pawb wedi bod yn Sain Ffagan. Wel, nid pawb, ond mae pawb yng Nghymru wedi clywed am y pentref sy'n gartref i'n hannwyl Amgueddfa Werin. Efallai i chi fod ar drip ysgol yno, neu ymweld er mwyn llenwi diwrnod pan oeddech ar ymweliad â'r ddinas ar gyfer gêm bêl-droed neu rygbi. Efallai eich bod yn mynd ag ymwelwyr o'r tu allan i Gymru yno er mwyn dangos ac esbonio rhywfaint o'n hanes a'n diwylliant iddynt. Yn sicr, mae'r amgueddfa ei hun yn un o brif atyniadau ein gwlad, ac mae'n rhywbeth i fod yn hynod falch ohoni. Ond faint ohonom sy'n gyfarwydd â'r ardal sy'n amgylchynu'r amgueddfa hynod hon?

Yn 2016, fe symudon ni allan o'r fflat yng Nglanrafon yr oedden ni wedi bod yn byw ynddo am ddeuddeng mlynedd er mwyn, yn bennaf, cael gardd a bach mwy o le. Doedd dim byd oedd yn ffitio'r sbec na'r morgais i'w gael yn Nhreganna, Llandaf na Pharc Fictoria; yn y diwedd, fe setlon ni ar y Tyllgoed. Maestref ddigon di-nod rhwng Treganna, Llandaf a Radyr, gyda'r fantais o fod yn reit fforddiadwy i deulu oedd yn ddigon ffodus i fod ar ail ris yr ysgol eiddo rydyn ni i gyd yn *obsessed* 'da hi.

Fe setlon ni ar dŷ *semi* tair stafell wely digon cyffredin ar St Fagans Rd sydd â gardd fach hyfryd a safle bws cyfagos sy'n fy ngalluogi i gyrraedd y dre mewn chwarter awr a'r amgueddfa mewn pum munud. Does dim byd yma o ddiddordeb mawr, heblaw stribyn o dir ger afon Elái lle mae perchnogion cŵn, a phlant drwg, yn ymgynnull. Neu dyna oedden ni'n feddwl …

Ffast fforward i fis Mawrth 2020, a dechrau'r cyfnod clo. Roedd y pla wedi dod, a phwy â ŵyr pa angenfilod oedd ar fin meddiannu ein dinas. Peidiwch, da chi, â theithio mwy na phum milltir o'ch cartref oedd y gorchymyn, felly dyma ni, wrth gwrs, yn ufuddhau. Nawr, dwi wastad, fel artist (sori!), wedi ffeindio cyfyngiadau yn greadigol. A dyma fi'n manteisio ar y cyfle i grwydro fy milltir sgwâr a darganfod beth oedd o dan groen y gornel hon o'r ddinas roeddwn i wedi dewis byw ynddi.

Y lle cyntaf ro'n i am ddod i'w nabod oedd y balŵn mawr gwyn oedd yn tyfu mas o'r coed ar y dde wrth i ni deithio lan at Sain Ffagan. Yr UFO ro'n i'n arfer ei alw wrth i ni deithio tua'r amgueddfa ar ein tripiau ysgol ers talwm. Felly dyma fi a Rizzo'r ci yn mentro lan y bryn ac i mewn i'r goedwig er mwyn gweld yr UFO yn agosach. Mae'n debyg taw tŵr dŵr oedd y belen yn wreiddiol, gafodd ei adeiladu yn y 1960au er mwyn gwella pwysedd dŵr yn y stad newydd ym Mhentrebane (Pentre ar y bryn ynteu pentre paun? Does neb yn siŵr …) gerllaw. I mi, mae'n adlais o ddyfodol na ddigwyddodd, pan ddaeth yr estroniaid o blaned arall i'n rhybuddio ni o beryglon yr unfed ganrif ar hugain … ac mae'n edrych mor drawiadol i mi ag olion y pylle glo yn y pentref y tyfais i fyny ynddo.

A sôn am drawiadol – rydyn ni i gyd yn gyfarwydd â chasgliad gwych yr Amgueddfa Werin o adeiladau. Ond pwy sy'n gwybod am Tŷ Bronna, sydd wedi'i leoli jest o dan yr UFO? Wedi'i adeiladu rhwng 1903 a 1906, dyma'r unig adeilad yng Nghymru i gael ei gynllunio gan y pensaer Arts & Crafts / Modernistiaeth Gynnar, C.F.A. Voysey. Ac mae e'n ffantastig. Wedi'i godi'n wreiddiol ar gyfer masnachwr pren cyfoethog, mae'n edrych lawr dros gwm

afon Elái tuag at goedwig Plymouth. Erbyn hyn mae'n gartref i bobol ifanc ddigartref, felly nid yw'n bosib mynd i mewn i'r adeilad, ond mae'r strwythur gwyn, trillawr gosgeiddig yma, gyda stablau gyferbyn, yn werth ei weld.

Os ewch chi drwy'r coed uwchben Tŷ Bronna, fe ddewch chi o hyd i olion hen *curling rink* a chwarel lle torrwyd y cerrig ar gyfer castell Sain Ffagan amser maith yn ôl. Mas o'r goedwig mae 'na olygfeydd rhagorol tua Mynydd y Garth a Chastell Coch. Fan hyn, yn ystod y cyfnod clo, roedd cyfle i gwrdd â phobol ddieithr am sgwrs, a chododd ambell un babell yno er mwyn dianc oddi wrth y teulu am chydig nosweithiau.

Wedyn, lawr tua pentre Sain Ffagan, mae 'na gasgliad o adeiladau reit grand yn dyddio o oes Fictoria hyd y saithdegau. Gyferbyn â thafarn hyfryd y Plymouth Arms mae stad fechan o dai modern di-nod sy'n dwyn yr enw Maes y Gad. Diddorol, meddyliais ...

    Yn 1648 ymladdwyd y frwydr ffyrnicaf erioed ar dir Cymru pan ddaeth 11,000 o ddynion, yn Seneddwyr a Brenhinwyr, yma i ymladd ar ddiwedd yr Ail Ryfel Cartref. O fewn dwyawr ar fore Mai 8fed, fe laddwyd dros dri chant o filwyr y brenin, a llifodd afon Elái yn goch. Yn ôl y sôn, mae 'na ysbryd neu ddau yng ngwisgoedd Pennau Crynion Brenin Siarl I i'w gweld yn cerdded trwy ffermdy Cilywent yn yr amgueddfa.

    Mae Castell Sain Ffagan fel mae e heddi yn dyddio o 1587 ac wedi'i adeiladu ar olion hen gastell Normanaidd o'r unfed ganrif ar ddeg. Mae sawl teulu wedi bod yn berchen ar yr adeilad, ond y teulu Windsor-Clive, a ddyrchafwyd yn Ieirll Plymouth, oedd yn berchen ar y plasty crand hwn erbyn oes Fictoria. Ar ddiwedd yr Ail Ryfel Byd, dyma'r teulu'n penderfynu rhoi'r castell a'i diroedd i Amgueddfa Cymru er mwyn gwireddu gweledigaeth Iorwerth Peate o sefydlu amgueddfa awyr agored o adeiladau Cymreig. Mae'r casgliad gwych o eglwysi, siopau, tai a neuaddau yn tyfu o flwyddyn i flwyddyn. Yr adeilad mwyaf diweddar i gyrraedd yno yw tafarn gyntaf yr amgueddfa, sef y Vulcan Hotel, oedd yn arfer sefyll gyferbyn â Phrifysgol De Cymru yn Adam St, Caerdydd, lle ro'n i'n arfer darlithio amser maith yn ôl.

    Erbyn hyn, dwi'n ddigon ffodus i gael gweithio yn yr amgueddfa fel gofalydd – un o'r swyddi mwyaf difyr i mi eu cael erioed. Fe allwn i siarad am oriau maith am ba mor wych yw'r safle – ond does dim rhaid i mi werthu'r lle i neb. O dymor i dymor, mae'r ymwelwyr wrth eu boddau'n teithio i orllewin Caerdydd i ymweld â ni. Ond faint sy'n cymryd yr amser i fynd am dro ar hyd yr afon, neu drwy'r goedwig hudol, a derbyn lluniaeth yn nhafarn gysurus y Plymouth Arms ar ben y daith? Tro nesa, falle. Mae'r holl ardal yn fwy difyr nag y gwnes i erioed ddychmygu …

Stryd Womanby
Ffion Dafis

Y sodlau a'r trainers, y sigaréts, y bagiau chips a'r lipgloss yn un cawdel. Ar y stryd gul, dywyll yma lle bu morwyr yn diwallu eu hanghenion am ganrifoedd y daeth fy ieuenctid dinesig i'n fyw.

Stryd Womanby oedd un o'r prif dramlwybrau drwy Gaerdydd pan oedd yr afon yn llifo ar hyd ble mae Stryd Westgate heddiw. Stryd fasnachol oedd hi yn cysylltu'r castell efo'r cei, yn gartref i fusnesau a thai adloniant fel ei gilydd. Dyma'r stryd a ddenai'r mewnfudwyr oedd am wneud Caerdydd yn gartref pan oedd hi'n ddim byd mwy na thref lled-brysur ar lan y dŵr.

Stryd fechan ydy hi, ond ar y llathenni budr rhwng y City Arms a Dempseys y tyrrodd miloedd ohonom i ddiogelwch amgen dinas nad oedd yn cynnig dim i'n denu yn ei chrombil dienaid.

Mae'r tafarnau wedi eu serio ar y cof er bod llawer o'r enwau wedi newid dros y degawdau. Model Inn. Four Bars. Dempsey's. Toucan Club. Horse and Groom. Y Fuwch Goch. Full Moon. Pob un yn cynnig yr un peth ond eu cymeriad unigryw eu hunain yn gwneud pob profiad yn brofiad gwerth ei gael.

Yma, roedden ni'n cael bod yn ni. Fel fflyd o ddefaid chwyslyd, byddem yn heidio at ein gilydd yn y stafelloedd myglyd cyn ciwio i gael mynediad i'n mecca wythnosol. Roedd 'na batrwm. Roedd 'na reolau. Dim Clwb Ifor tan ar ôl deg o'r gloch. Dim City Arms cyn naw. Sganio sydyn i weld pwy oedd allan a chael syniad o sut y byddai'r noson yn siapio. Un werth chweil os oedd 'na aelodau band yn digwydd bod wrth y bar. Un well byth oes oedd 'na actorion neu gomediwyr enwog chwil wedi dod i brofi'r sîn Gymraeg!

Doedd 'na ddim ffonau symudol ar ddechrau'r nawdegau. Doedd dim o'u hangen. Roedd pob un gwerth ei halen yn mynd i fod ar y stribyn yma o dir ar ryw adeg rhwng wyth o'r gloch nos

Wener a dau o'r gloch fore Sul. Roedd y potensial a'r cyffro i'w deimlo ar yr awel stêl o'n cwmpas a'n hawch am gerddoriaeth dda a snog ddiwedd nos yn amlwg yn ein llygaid ifanc.

Brenhinoedd y stryd yma oedd y bownsars. Roedd pechu'r rhain yn gallu strywio neu greu ein dyfodol cymdeithasol. Troedio gofalus oedd yr allwedd i'w trin. Un sylw gwirion neu or-siglo meddw a byddai tacsi unig adre yn ddiwedd enbyd i nos Sadwrn, ac er cryfder cyfeillgarwch roedd gwirfoddoli i adael ciw efo ffrind yn beth prin!

Ond wedi taclo'r ciw a swyno'r horwth yn y siaced ledr hir ddu yn y drws roedd hi'n ddechrau ar oriau na cha' i eu tebyg eto tra bydda i byw. Dros dri llawr Clwb Ifor y nawdegau y ffurfiwyd perthnasau, y torrwyd carwriaethau, y diffiniwyd barnau, a rhwng waliau tamp toliedau'r trydydd llawr y cyfarfyddais â fy ffrind gorau.

Rydan ni'n dal i ymhyfrydu pan mae pobl yn gofyn ers faint a sut y daethon ni'n gymaint o fêts. 'Toilets Clwb Ifor 1993' fydd y ddwy ohonan ni'n cyd-ateb yn llon. Datblygodd y sgyrsiau a'r chwerthin meddw yn y ciw cyfyng o flaen y drych wrth inni ail-rawio'r colur, o 'rhaid chdi ddod draw i tŷ fi ryw noson' i 'wnei di fod yn forwyn briodas i mi?' bum mlynedd ar hugain yn ddiweddarach. Mae'r sgyrsiau a'r bobl ddifyrraf i'w canfod mewn ciw am doiled drewllyd mewn clwb.

Doedd profi'r cynnwrf cerddorol ar y stryd hon, yn enwedig yng Nglwb Ifor y nawdegau a dechrau'r mileniwm newydd, ddim yn teimlo fel rhywbeth chwyldroadol ar y pryd. Dyma lle roeddan ni'n mynd i fwynhau ac i wrando ar ein hoff fandiau, a dim ond wrth edrych yn ôl mae rhywun yn gwerthfawrogi mawredd cael gwylio Catatonia, Ffa Coffi a Coldplay ar stryd fach ddi-nod ynghanol y ddinas cyn i'r enwau hynny ffrwydro ar y sîn ryngwladol.

Ond tydy gafael yn dynn yn ei hunaniaeth ddim wedi bod yn hawdd i'r gornel fach gerddorol hon o'r ddinas. Mae bygythiadau lu wedi ei gwthio i'r eithaf fwy nag unwaith, a datblygwyr busnes mawr wedi methu'r pwynt yn llwyr ac wedi ceisio cael caniatâd i adeiladu fflatiau a gwestai gan danseilio'i hysbryd annibynol

ddiwylliannol. Ond mae 'na wytnwch rhwng y waliau. Mae cannoedd wedi ymuno i brotestio dros y blynyddoedd ac wedi llwyddo i warchod ei henw a'i hetifeddiaeth. Mae 'na unigolion sydd wedi brwydro'n galed i arddel ei hysbryd, a diolch amdanyn nhw.

'Os oes 'na unrhyw un ohonoch chi wedi chwerthin, crio, chwysu neu waedu ar y stryd yna dewch i brotestio!' oedd y gri yn 2017 pan oedd ei dyfodol yn y fantol unwaith eto yn sgil breuddwyd farus datblygwr arall. Dod a wnaethant, gan adael i Gyngor Caerdydd wybod pa mor bwysig ac annwyl oedd y stryd fach i gymaint ohonom; stryd sydd wedi'n galluogi i fwynhau a dathlu ein Cymreictod, ein arwahanrwydd, ein hamrywiaeth a'n gwead cerddorol y tu ôl i'w drysau.

Dim ond gobeithio y bydd hi'n cael y llonydd i fod yn hi, fel y cawsom ninnau yn ei chwmni. Mae murlun anferth o Gwenno, y gantores, ar dop adeilad uwchben y stryd. Llun perffaith sy'n adlewyrchu enaid y lle. Mae'n gyfrifoldeb mawr ar Gwenno druan i edrych i lawr ar Stryd Womanby a'i gwarchod hi ar ei phen ei hun. Ein lle ni ydy dringo'r wal a gosod ein hunain wrth ei hochr a gwneud yr un peth.

Yn ysbryd Ifor Bach, rhaid sefyll heb siglo, swyno'r bownsars a rhawio ein colur newydd drwy gefnogi ei thafarnau â'u henwau dieithr, ac annog y rhai ifanc i giwio yn eu degau i gefnogi y to newydd fydd yn ein diffinio ni.

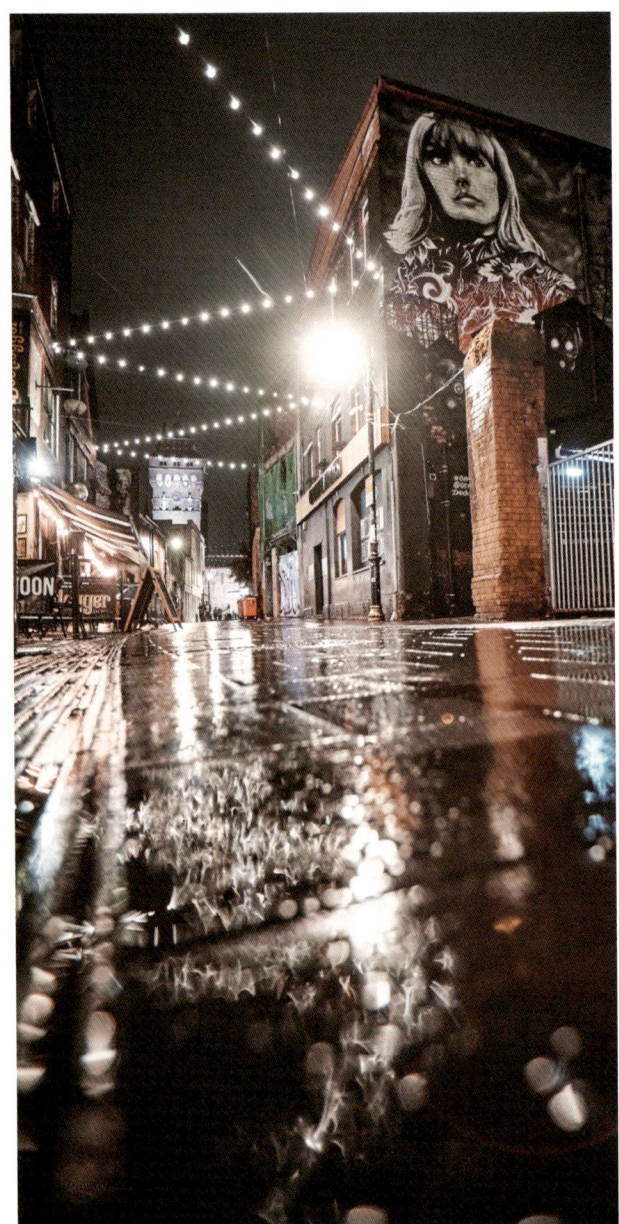

Penarth Pier | Pier Penarth
Hanan Issa

Well-dressed ghosts promenade along the pier.
Men in top hats, women in long, stiff skirts strolling
straight through my dance troop's awkward rendition of *Fame*.

I'm so jealous of sea glass. Something broken, somehow softened,
those unpleasant protrusions smoothed out, a now rounded shape –
collected, admired, not cutting through skin.

We have dinosaur footprints now. Well, they've always been there
but knowing they exist is what makes them real.
Grab a pamphlet from the RNLI and you too can take selfies with dino feet.

Park up before sunrise, take a deep breath as chilly waves
greet you to this morning swim. Beanies above red faces bobbing along –
Aren't we all so cool? Yes we are and my god look at that sunrise! Like molten gold.

Promenâd o ysbrydion trwsiadus sydd wrth y pier.
Dynion hetiau uchel a gwragedd sgertiau llaes a llym yn rhodio
yn syth drwy ymgais flêr fy nghriw i sy'n dynwared *Fame*.

Cenfigennaf at wydrau'r môr. Teilchion, ond meddal;
corneli garw wedi'u llyfnhau, yn grwn bellach –
trugareddau i'w casglu a'u hedmygu, heb dorri croen.

Ôl traed deinosor sydd yma yn awr. Buont yma erioed
ond gwybod am eu bodolaeth sy'n eu gwneud yn fyw.
Bachu taflen bad achub a gallwn ninnau gael hunlun gyda'r traed yma.

Parcio cyn toriad y dydd, cipio anadl ddofn wrth i donnau rhynllyd
gyfarch y dowcio boreol. Capiau gwlân uwch wynebau coch yn y lli –
Cŵl, neu beth? Ydym. A, mam bach, edrych ar y wawr! Aur yn toddi.

Cyf. Myrddin ap Dafydd

Dim Mwy, Dim Llai
Dafydd Llewelyn

Un llythyren. Tri rhif. Dyna'r cwbl. Dim mwy, dim llai.

Mae gan yr Americanwyr eu Route 66 ac mae gan yr Archentwyr eu Ruta 40, ond mae ganddon ni yng Nghymru fach rywbeth sydd yr un mor werthfawr ac sy'n rhan o chwedloniaeth ein cenedl. Mae 'na ganeuon, llyfrau a chyfres deledu wedi'u hysbrydoli ganddi, ond yn union fel hen fodryb sy'n mynnu torri gwynt ar ddechrau pob pryd bwyd, mae rhai'n ymhyfrydu yn ei chwmni ac eraill yn gwingo mewn embaras o'i herwydd. Croeso i'r ffenomen nodweddiadol Gymreig sy'n dweud cyfrolau amdanom fel cenedl. Croeso i'r A470.

Tasa rhywun yn chwilota ar Wicipedia Cymraeg am ddisgrifiad o'r A470 byddent yn canfod y canlynol: '[f]fordd yng Nghymru yw'r A470. Mae'n mynd yr holl ffordd o Gaerdydd i Landudno yn y gogledd.' Sylwer o Gaerdydd i'r gogledd, nid y ffor' arall, sydd efallai braidd yn od oherwydd y patrwm sydd wedi amlygu'i hun fwyfwy, yn arbennig yn ystod y degawdau diwethaf, yw bod nifer wedi codi pac gan adael bro eu mebyd a throi'u golygon am y brifddinas, a finnau'n rhan o'r tueddiad hwnnw.

Fel rhan o'r deunydd ychwanegol a geir am yr A470 gan yr holl wybodus Wici, nodir ei bod hi'n 186 milltir o hyd ac fe restrir yr holl bentrefi a threfi ar hyd y siwrne honno o'r de i'r gogledd, dros ddeugain o lefydd amrywiol a gogoneddus, er y dylid ychwanegu llinell yn nodi mai prin iawn iawn yw'r toiledau cyhoeddus sydd ar gael rhwng Maendy a Glan Conwy. Wedi'r rhestr hirfaith honno ceir brawddeg syml sy'n goron ar y cyfan ac un mae pob Cymro neu Gymraes yn medru uniaethu â hi: '[m]ae'n ffordd hynod o droellog, ond yn aml yr unig ffordd o deithio o un pen o Gymru i'r llall yw hi.'

Tydi hynny ddim yn hollol ffeithiol gywir. Gall rhywun sy'n hanu o'r gogledd-ddwyrain fel finnau anelu am yr M56 cyn gwibio i lawr yr M6 ac yna'r M5 cyn ymuno â'r M4, er mwyn cyrraedd y brifddinas yn gynt. Ond tydi'r daith honno ddim hanner cystal, mae'n un stribed hir o darmac a choncrit amhersonol, ac yn rhyfedd ddigon mae'r lôn arall sy'n tywys rhywun heibio Wrecsam, Amwythig a Henffordd yn teimlo'n hirfaith a diddiwedd. Na, yn bendant, mae'n well gen i ymlwybro i lawr yr A470, hyd yn oed os ydi hynny'n golygu 'mod i'n melltithio ambell yrrwr lorri neu garafán sy'n debycach i yrrwr hers o ran cyflymdra.

Gellid ystyried pob pentref a thref ar hyd yr A470 fel ffenest fechan mewn calendr adfent, pob un yn eu tro yn dynodi cam yn nes at y wobr fawr: cyrraedd y brifddinas. Er i mi wneud y siwrne ganwaith erbyn hyn, mae cyffro i'w gael hyd heddiw wrth weld Castell Coch ar yr ochr chwith cyn cario ymlaen hyd y lôn syth gyda'r tai bob ochr yn dynodi bod y llinell derfyn yn agosáu a'r rhyddhad bod Diwrnod Dolig o'r diwedd wedi cyrraedd.

Fel pob pwnc arall sy'n gysylltiedig â'r genedl hon, mae anghytuno sylfaenol am rinweddau a ffaeleddau'r A470. Rhai yn ei chasáu gyda chasineb pur ac yn credu y dylid chwalu tir gwyrdd a ffermydd er mwyn cyflymu'r siwrne yn enw datblygiad ac economi. Ond am reswm hollol hunanol, dwi wrth fy modd efo hi yn union fel ag y mae: gan fod y signal ffôn mor giami mae rhywun yn cael heddwch i feddwl a rhoi trefn ar bethau heb ymyrraeth. Yn wir, byddwn yn haeru bod y lôn hon yn well nag unrhyw therapi.

Mae'r A470 wedi chwarae rhan allweddol yn fy mywyd a'r ystod eang o emosiynau yn plethu mewn i'r siwrneiau: y diawlio wrth yrru trwy Rhaeadr wrth sylweddoli bod goriadau fy nhŷ yn dal i fod ar fwrdd cegin cartref fy rhieni yn y gogledd; y nerfusrwydd a'r dwylo chwyslyd wrth gyrraedd cyrion Pontypridd ar fore fy nghyfarfod sgriptio cyntaf; y cyffro ar gyrion Llanbryn-mair wrth wrando ar sylwebaeth Radio Cymru pryd y curodd Cymru wlad Belg o 3–1 yn yr Ewros; a'r ofn wrth deithio ar ei hyd ar ôl derbyn galwad ffôn i 'ngalw adra'n handi oherwydd gwaeledd teuluol … y ddeuoliaeth ryfedd honno o fod eisiau i'r siwrne ddod i ben ac eto i bara am byth.

Yn ddi-os, mae Caerdydd wedi dod yn fangre poblogaidd i nifer o Gymry Cymraeg, a'r A470 wedi bwydo'r brifddinas â llif cyson o bobl a'u hegni dros y degawdau diwethaf. Mae'r lle wedi ei drawsnewid bron yn llwyr yn ystod y chwarter canrif ddiwethaf a dylid ymhyfrydu yn y ffaith fod mwy o Gymraeg i'w glywed hyd y strydoedd a thwf yr ysgolion Cymraeg eu hiaith yn ffynnu. Oes, yn sicr, mae llewyrch i'w ganfod y dyddiau hyn ar waelod enfys darmacaidd yr A470, ond alla i chwaith ddim peidio â meddwl am ddyfyniad gan W.R.P. George, geiriau a 'sgwennodd ar ddechrau saithdegau'r ganrif ddiwethaf: 'a ninnau'n trafod sefydlu theatr i'r genedl yng Nghaerdydd neu ganolfan arall, ni allwn fforddio sychder yn y ffynhonnau a'r ffrydiau byw, rhedegog a fydd yn cyflenwi'r gronfa ganolog, genedlaethol.' Mae mewnwelediad George yn mynd y tu hwnt i fyd y ddrama oherwydd mae dyfrio'r deugain a mwy o'r ffynhonnau a geir hyd yr A470 yn allweddol i ddyfodol y brifddinas a'r genedl yn gyffredinol.

Dwi bellach wedi bod yn byw yma ers ugain mlynedd a rhagor, ond bob ryw bythefnos neu dair dwi'n gweld eisiau'r môr a'r mynydd. Ellen Kent oedd un o fy athrawon Cymraeg a hi gyflwynodd weithiau R. Williams Parry i mi – rhyw grinc bach digon

anfoddog o'n i yn 'rysgol a dim ond ar ôl i mi symud i lawr i Gaerdydd y gwnes i ddechrau gwerthfawrogi gwir atyniad y môr a'r mynydd. Mae'n od, ond os na cha i fy nogn misol o M&M's dwi'n teimlo'n biwis a, rhywffordd, yn anghyflawn; ac ar yr adegau hynny dwi'n gwybod yn syth ei bod hi'n bryd i mi droi trwyn y car am yr A470. Mae byw yn y brifddinas yn braf iawn a bwrlwm y prysurdeb yn atynfa amlwg, ond alla i ddim yn fy myw â galw'r lle yn 'adref'. Mae rhywbeth ym mêr fy esgyrn wastad yn f'atgoffa mai 'dyn dŵad' chwedl campwaith y diweddar Dafydd Huws ydw innau yn fy hanfod. Wrth i 'nghar straffaglu dros Fwlch yr Oerddrws ac wrth i'r olygfa ysblennydd fy wynebu, mae fel 'tae'r injan yn canu grwndi'n fodlon a minnau'n rhoi ochenaid o ryddhad. Dyna pryd y bydda i'n gwerthfawrogi'r ffaith fod 'na linell wen yn rhedeg ar hyd canol yr A470 a bod y 'lôn droellog' honno yn mynd o'r gogledd i'r de ac – yn bwysicach o ran fy enaid – o'r de i'r gogledd.

Un llythyren. Tri Rhif. Dyna'r cwbl. Dim mwy, dim llai. Na. Mae'n llawer mwy na hynny.

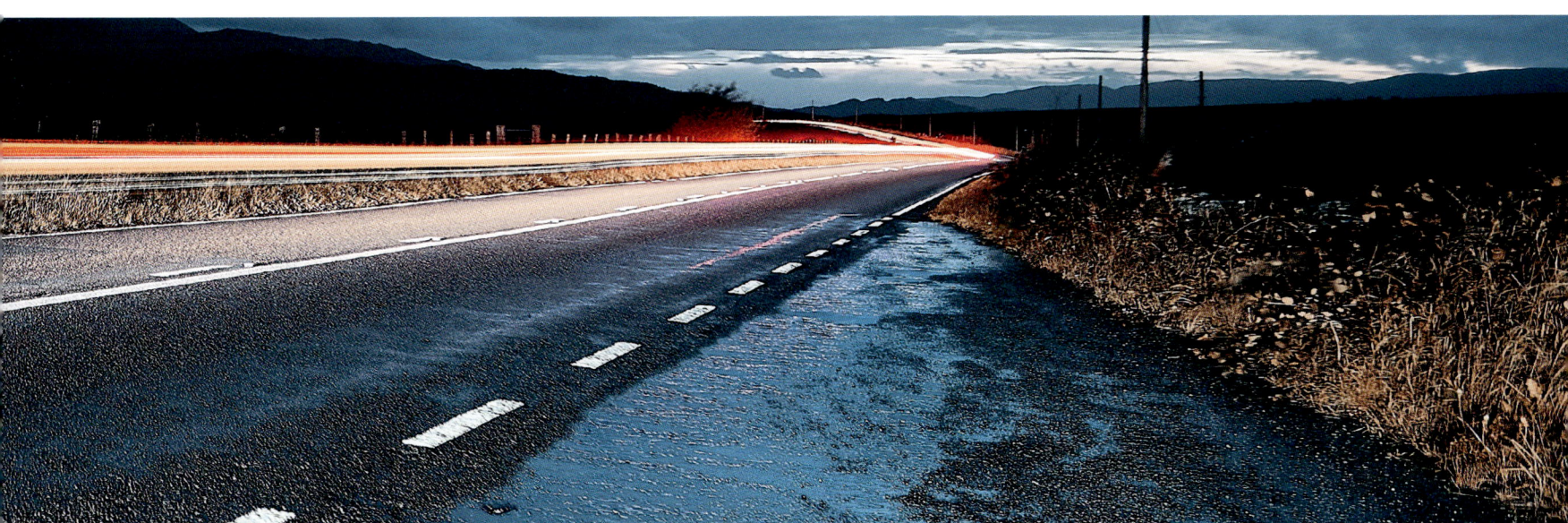